#BE YOURSELF !

DEVENEZ LA MEILLEURE VERSION DE VOUS-MÊME

Direction de la publication : Isabelle Jeuge-Maynart et Ghislaine Stora
Direction éditoriale : Aurélie Starckmann
Coordination éditoriale : Marie Gazagne
Édition : Cécile Beaucourt
Lecture-correction : Élisabeth Andréani
Stylisme mode : Dominique Serret et Émilie Saunier,
assistées de Victoria Veneziano-Belaieff et Chloé Gasquet
Stylisme culinaire : Juliette Lalbaltry
Conception graphique et couverture : Aurore Elie
Adaptation graphique et mise en page : Camille de Montmorillon
Fabrication : Donia Faiz

Photographies des looks : Vicente de Paulo, assisté d'Iris Guillaume della Roca
Photographies des recettes et des DIY : Fabrice Besse

L'Éditeur remercie Léa Lhotellerie pour son aide précieuse.

ISBN 978-2-03-596644-5

CRISTINA CÓRDULA

PAULA BRACONNOT
PHOTOGRAPHIES : VICENTE DE PAULO

#BE YOURSELF !

DEVENEZ LA MEILLEURE VERSION DE VOUS-MÊME

LAROUSSE

À mon fils Enzo, dont je suis tellement fière.
Et à cette génération de Millennials en qui je crois...

SOMMAIRE

Bien dans son corps, bien dans sa tête

LE YOGA, MON ESSENTIEL

Recettes sympas

Inspiration déco

TUTO DIY

FOCUS

Le monde nous appartient

Introduction

Vous devez probablement vous demander pourquoi j'ai décidé d'écrire un livre pour les Millennials, n'est-ce pas ?

Tout a commencé au Salon du Livre, à Paris. J'avais été invitée pour dédicacer mon précédent ouvrage, *Mon Look Book*. En arrivant, j'ai vu des centaines de jeunes qui faisaient la queue pour me voir et j'ai été tellement surprise ! On nous rabat les oreilles en disant que les jeunes ne lisent plus, et voilà qu'ils étaient venus en masse pour un livre de mode... En voyant cela, la directrice des éditions Larousse me glisse à l'oreille : « Ton prochain livre devrait être dédié à cette génération. » L'idée m'a tout de suite plu en voyant les Millennials qui attendaient : leur fraîcheur, leur joie de vivre, leur esprit libre et sans tabous... Cette génération née autour des années 2000 (env. 1985 - 2005) est alors devenue pour moi la source d'un profond intérêt.

J'AI UN MILLENNIAL À LA MAISON !

J'ai tout de suite pensé à mon fils Enzo et au fait que je voulais écrire ce livre pas seulement pour lui, mais avec lui. Certes, je suis sa maman, je lui ai transmis tout ce que je sais, mais j'apprends aussi énormément à son contact : sa vision du monde, ses passions, ses envies... Je suis d'une génération où les obligations, le travail, le « dur labeur » prennent souvent le dessus sur le bien-être. Et voilà que, souvent, mon fils me parle du contraire, me fait comprendre que c'est maintenant qu'il faut s'octroyer du temps et sortir un peu de la course.

Alors que je connais très bien mon Millennial à moi, je voulais néanmoins comprendre vraiment ce qui anime cette génération qui m'intrigue beaucoup… **Enzo, c'était ma porte d'entrée, mon consultant en quelque sorte !**
Qui de mieux que mon fils pour m'aiguiller dans la bonne direction ? Le projet lui a évidemment plu et voilà qu'on lance le casting pour le livre !

INCONTOURNABLE INSTAGRAM…

Pour cela, on passe bien sûr par LA plateforme la plus utilisée par cette génération : Instagram ! Et là, on reçoit littéralement une avalanche de candidatures : des profils de tous les coins de France (mais aussi d'Europe), de tous les âges, de tous les milieux… Bref, c'était magnifaïk de voir leur engouement pour le projet.

La sélection a été rude, mon but principal étant d'avoir le panel le plus large possible pour que tous les lecteurs puissent se reconnaître. Après avoir épluché des centaines de candidatures, on arrive finalement à choisir les six qui participent à cet ouvrage : un mélange de personnes que je côtoie et d'inconnus.

Ce livre, je voulais qu'il fonctionne comme un **patchwork d'inspirations**, d'éclairages, de pistes, dans lequel on lit la génération Y. Un peu comme dans un fil Instagram, je voulais leur proposer des ouvertures sur plusieurs thèmes : la mode, la beauté, l'art, les voyages, la déco, mais aussi le sport, le bien-être et l'écologie. Je leur donne mon point de vue, mais j'essaie aussi de me laisser guider par leurs centres d'intérêt. Ce livre est conçu comme un condensé des sujets qui me sont chers, et parmi lesquels chacun pourra naviguer, piocher, zapper… au gré de ses envies et de ses humeurs.

CE LIVRE EST SURTOUT UNE CONVERSATION, UN ÉCHANGE

Lors du casting, j'ai entendu Emmanuelle (23 ans) me dire quelque chose d'assez percutant : « On nous a promis la connexion au monde, mais nous avons été déconnectés des choses qui comptent vraiment. » Car les Millennials ne sont pas dupes : alors qu'ils sont connectés en permanence, ils restent critiques face aux nouvelles technologies et sont en quête de sens pour leur vie. Ils veulent se reconnecter aux choses qui comptent vraiment : leurs amis, leur famille, leur santé, leurs expériences, la planète... Voilà une génération qui désire par-dessus tout **s'exprimer librement, s'affirmer, s'assumer** telle qu'elle est.

Plus j'ai avancé dans ce projet, plus je me suis rendu compte que je me trouvais face à la génération ***Be yourself***. Des personnes qui privilégient l'expérience plutôt que les biens matériels, qui font passer au premier plan la découverte de soi, le rapport à l'autre, leur impact sur la planète. Ils sont si jeunes... et pourtant **si conscients de tous les challenges qui les attendent !**

Si je souscris à 100 % à l'idée d'être soi-même – il ne faut jamais perdre de vue qui nous sommes et ce qui nous rend uniques –, je pense qu'il faut ajouter quelque chose.

J'AIME L'IDÉE DE TOUJOURS S'AMÉLIORER

Ce n'est pas en répétant toujours la même formule qu'on peut avancer et faire face aux défis qui nous sont présentés. On doit constamment se remettre en question, aller au-delà de ses limites et faire preuve d'**inventivité** dans la vie.

C'est pour cela que je martèle l'idée d'être la meilleure version de soi-même : *Be the best version of yourself*. Je trouve cette pensée très puissante, car tout en restant nous-mêmes, nous nous rendons bien compte qu'il faut **faire des efforts, apprendre et se dépasser.**

C'est ce projet – celui de s'améliorer – qui nous fait avancer et qui nous permet de grandir, de prospérer et de transformer la société.

Comme le disait le grand Gandhi : « Sois le changement que tu veux voir dans le monde. »

Et pour cela, il faut désirer être la meilleure version de soi-même.

LES MOTS D'ENZO

J'ai été très touché lorsque ma mère m'a proposé de participer à son nouveau livre… Je n'avais jamais collaboré avec elle dans le passé et voilà qu'elle me demandait non seulement de prendre part à ce projet, mais aussi d'y réfléchir avec elle. **J'ai adoré l'idée de construire quelque chose ensemble.**

Je soutiens toujours ma mère à 100 %. J'ai une grande admiration pour elle. C'est quelqu'un qui s'investit tellement ! Elle aime tant ce qu'elle fait que c'est un bonheur de pouvoir l'aider à concrétiser sa vision.

Et quelle agréable surprise de découvrir son univers ! Car ne croyez pas que j'ai grandi dans son monde… Ce n'est pas parce que ma mère est reconnue dans les milieux de la mode et de la télévision qu'ils me sont familiers. Au contraire, j'ai toujours pu grandir tranquillement, à l'écart des flashs et des paillettes.

Alors, quand je me suis retrouvé à arpenter Paris avec elle et à poser devant l'objectif de Vicente de Paulo, j'ai découvert à quel point son métier demandait une grande organisation ! J'ai toujours su que ma mère était quelqu'un d'organisé, mais là, j'ai pu constater que tout avait été pensé dans les moindres détails. **Certes, l'ambiance était cool et décontractée, mais rien n'était laissé au hasard :** un col de chemise, la lumière, le choix des lieux…

Une fois le shooting terminé, j'ai ensuite eu la chance de voir le livre prendre forme au fil des mois… **Car ma mère a fait de moi comme son consultant en « Millennials » !** Grâce à elle, j'ai ainsi été amené à réfléchir sur ma génération. L'occasion de comprendre pas mal de choses à propos de qui nous sommes, et de m'interroger sur notre rapport aux réseaux sociaux et aux écrans en général. Pendant mon adolescence, mon portable me semblait un élément absolument vital, mais aujourd'hui, j'ai compris que pour respirer et vivre, il faut aussi savoir l'éteindre ou ne pas l'avoir sur soi.

C'est peut-être aussi un des messages du livre… ***Be yourself*, c'est accepter d'être soi au moment présent.** De goûter à la vie telle qu'elle se présente à nous, ici et maintenant.

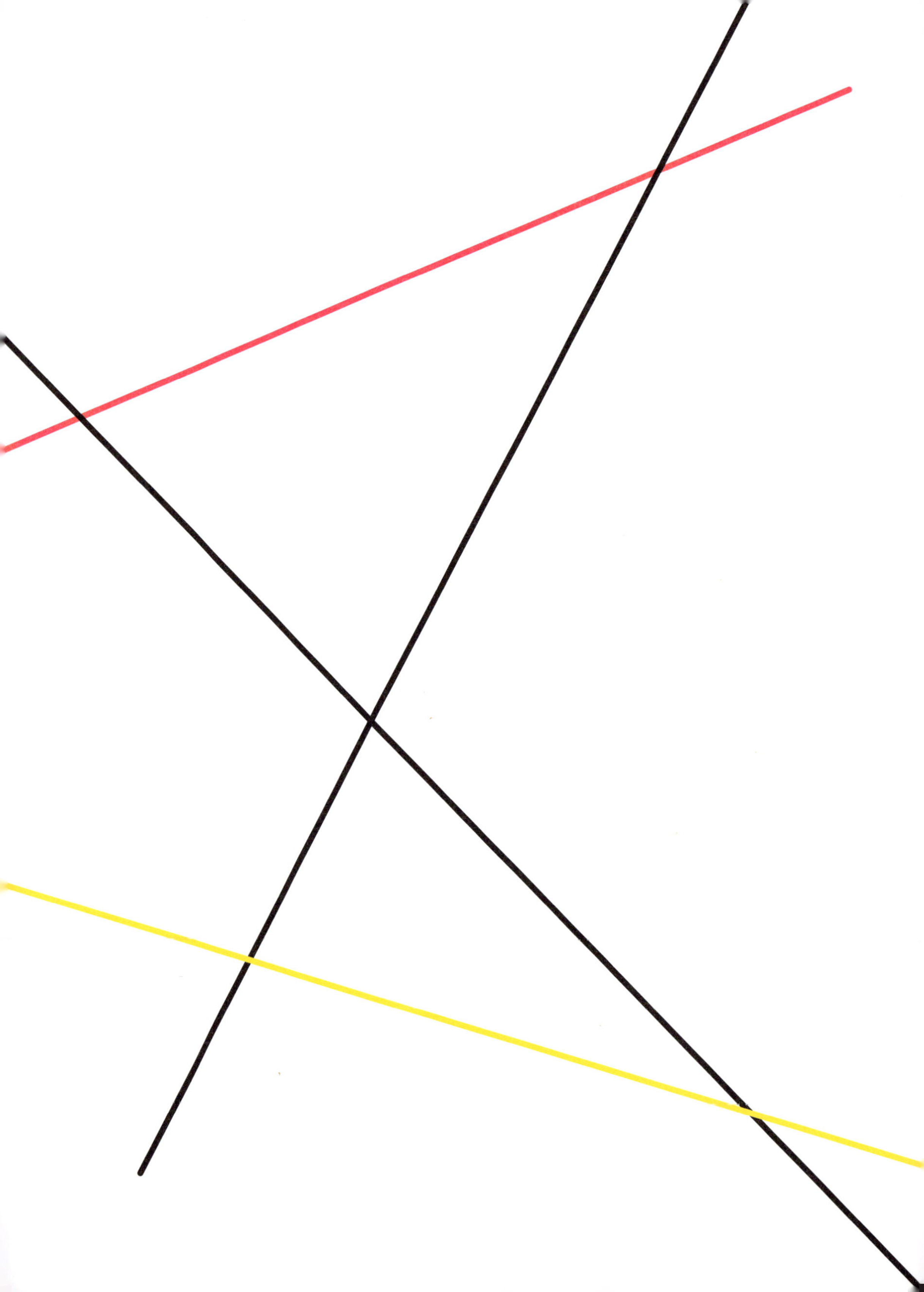

Be the
best
version
of yourself.
X

Drôle
À l'écoute
Entière

YALI

19 ANS

ÉTUDIANTE EN 2e ANNÉE DE BIOCHIMIE	FAN DE STREET STYLE	LUCIDE	DÉTERMINÉE

ELLE VEUT

Le rêve de Yali, c'est d'être formulateur chimiste dans l'industrie de la beauté et d'améliorer les produits en développant de nouvelles molécules. Pas mal, comme challenge !
Mais ses ambitions ne s'arrêtent pas là : elle veut aussi sillonner le monde et vivre dans des villes nouvelles où elle sera confrontée à d'autres cultures...
Décidemment, elle n'a pas peur de sortir de sa zone de confort et de se réinventer. Bravo !

ELLE ADORE

Comme toute Millennial qui se respecte, Yali a un faible pour les chats ! Impossible pour elle de ne pas s'extasier devant ces petits « tigres de poche », comme les appelait Victor Hugo.
Et, surprise ! cette férue de street wear est, contre toute attente, une fan absolue de comédies musicales ! Jetez un œil à sa play-list, et vous tomberez sur des chansons de *Grease*, *Cats*, *Mamma Mia*...

ELLE S'IMPLIQUE DANS

- La mode
- L'amitié
- L'amour
- La beauté
- L'art
- La technologie
- L'écologie
- Le sport

ELLE A BESOIN DE

- Ses amis
- La ville
- Sortir le soir
- Instagram

POURQUOI ELLE

Yali est une fille qui a la tête bien faite. Quand je l'ai rencontrée pour le casting, j'ai été surprise par sa maturité... Âgée alors d'à peine 18 ans, elle nous disait déjà que le plus important à ses yeux, c'est de « s'assumer, de faire ce dont on a envie, indépendamment des autres ». J'adore !
J'ai aussi été étonnée quand elle m'a expliqué pourquoi elle considère Frida Kahlo comme son idole : « Elle acceptait sa douleur et l'a transformée en beauté. » Impressionnant pour une fille de son âge !

STYLÉE JUSQUE DANS LES AMPHIS...

Yali connaît bien Jussieu. Elle a en effet révisé son bac dans la bibliothèque de cette université, et elle la fréquente toujours en tant qu'étudiante en deuxième année de biochimie.

Le maître mot quand on doit se concentrer pour réussir ses examens, c'est d'**être à l'aise**.

Mais porter des vêtements confortables quand on a 19 ans ne signifie pas qu'il faille perdre de vue le style ! Alors attention : **on bannit les looks sans sel**, quelconques et sans allure !
Les ingrédients pour un look étudiant réussi ? De bons **basiques relevés de touches de couleur** !

Ici, par exemple, Yali réveille un total look noir avec un bomber vert amande, un sac métallisé et des baskets blanc et noir. Ces pièces apportent du peps et de la fraîcheur à sa tenue.

911

Une fois n'est pas coutume : regardez les détails...

Elle porte une jupe en jean noire légèrement effilochée en bas. Le **légèrement effiloché**, c'est super tendance depuis plusieurs saisons ! Vous pouvez ainsi choisir vos jeans, jupes, shorts, voire vos vestes, avec ce détail qui insuffle de la branchitude à vos denims.

Le sweat à capuche est un sweat à logos, visibles – car la **tendance à la logomania** est loin de s'essouffler.

L'association d'un sweat à capuche avec un bomber est une super idée. C'est très actuel et résolument street. Vous pouvez aussi combiner le sweat à capuche avec une veste, comme un blazer, par exemple. Ce décalage est toujours intéressant.

Niveau mise en beauté, il faut **privilégier le naturel**. On travaille son teint et on opte pour une bouche mordue ! C'est parfait pour un look étudiant. Cela dit, je sais que vous voulez toutes vous maquiller pour aller en cours... Mais le trop maquillé, c'est trop artificiel, pas très stylé.

LE STYLE SE CACHE DANS LES DÉTAILS

Dans mon téléphone

C'est un fait : nous sommes tous scotchés à notre téléphone. Mais pourquoi ? Que fait-on lorsqu'on clique, zappe et scrolle ? Venez, je vous emmène faire un tour… dans mon téléphone ! Et j'invite d'ailleurs mon fils Enzo à parler un peu de ses applications préférées. Quelle bonne surprise quand j'ai vu qu'on partageait pas mal d'applis !

LES APPLIS INDISPENSABLES

POUR CRISTINA…

Instagram
C'est l'application « mine d'or » pour moi : c'est là que je me rends pour trouver l'inspiration dans le domaine de l'art, de la mode, du design, des voyages… Et j'adore pouvoir communiquer directement avec mes fans !

WhatsApp
J'adore cette appli qui permet des échanges quasi instantanés. Autre confort : les messages vocaux quand je n'ai pas le temps d'écrire. Et c'est formidable de constituer des groupes privés avec la famille et les amis.

Google
Comment vivre sans ce moteur de recherche ? Toutes les informations nous parviennent des quatre coins du monde en temps réel !

Waze
Quand je prends le taxi, je connais souvent mieux l'itinéraire que le chauffeur. Et d'où vient mon superpouvoir ? De Waze ! Ce GPS est formidable, car il calcule l'itinéraire le plus rapide et le plus court ! Avec tous les raccourcis pour arriver à l'heure…

YouTube
J'utilise cette application uniquement sur mon mobile. Grâce à elle, je peux regarder une interview, un défilé, un clip musical… Bref, c'est un incontournable.

POUR ENZO…

Airbnb
C'est l'application que j'utilise quand je pars en vacances avec des amis. Non seulement on peut louer un appartement pour un groupe de 10 personnes, mais on peut surtout trouver un pied-à-terre en 24 h. C'est pratique et pas cher !

Shazam
J'utilise tout le temps cette application quand je sors en boîte de nuit ou dans un bar. Dès qu'un son attire mon oreille, je peux tout de suite savoir de quel artiste il s'agit et – plus pratique encore – l'intégrer dans ma playlist !

Spotify
Impossible de vivre sans mon son ! Toute ma musique est dans cette application – qui fonctionne comme Apple Music ou Deezer. J'ai mon abonnement et je peux créer mes playlists… Autre avantage : le partage de playlists en temps réel avec mes amis. C'est une façon géniale de découvrir et de partager des morceaux.

Netflix
Avant, je regardais tous les films en streaming. Imaginez ma joie quand Netflix est apparu, qui centralise tout avec une interface clean et sans chichis… C'est mon appli fétiche !

QUE SERIEZ-VOUS PRÊT À LAISSER TOMBER POUR CONSERVER VOTRE SMARTPHONE ?

Voilà une question intéressante... Elle a été posée à des Millennials de 18 à 34 ans aux États-Unis. Et les résultats sont incroyables !

41 % des sondés ont répondu préférer se passer de se laver les cheveux pendant une semaine plutôt que de laisser tomber leur téléphone... Non !

Pire, **17 %** seraient capables de ne plus se brosser les dents pendant toute une semaine plutôt que d'abandonner leur smartphone !

Il y a tout de même un problème, non ?

43 %

des Millennials
regardent leur téléphone
toutes les 20 minutes !

Nous sommes tous très conscients que les écrans représentent une addiction. Vous savez sûrement que les **likes** que nous recevons sur nos publications entraînent en nous la production de **dopamine**, la molécule du bonheur… C'est une des raisons pour lesquelles on a du mal à s'en passer.

COMMENT MAÎTRISER SON TEMPS D'ÉCRAN ?

La solution la plus simple que j'ai trouvée, c'est d'**éteindre les notifications**… Vous serez moins tenté de regarder – et de répondre tout de suite – aux messages que vous recevez.

Autre habitude qui vous permettra de moins regarder votre téléphone : ne le gardez pas sur vous ! Si vous êtes à la maison, posez-le dans une autre pièce. À l'heure du coucher, laissez votre téléphone dans le salon…
Et surtout, quand vous allez chez des amis, **oubliez-le dans votre manteau**. Vous succomberez moins à la tentation de regarder votre écran !

DOWN-LOAD TO DETOX !

Il existe des applications qui minutent votre temps d'écran.

- **Space**
- **Moment**
- **Freedom**

Si vous avez un iPhone, vous pouvez aussi (dans les réglages) activer la fonction « temps d'écran ».

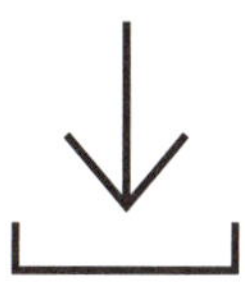

Vous connaissez le FOMO ?

C'est l'acronyme d'une expression anglaise, ***Fear of Missing Out***, qu'on peut traduire en français par **la peur de passer à côté d'une info.**

Cette angoisse, propre aux hyperconnectés que nous sommes, nous vide, n'est-ce pas ?

Mais j'ai découvert qu'il existe un antidote au FOMO : c'est le **JOMO.**

En anglais, cela signifie : ***The Joy of Missing Out***. Littéralement : **la joie de passer à côté.**

C'est ça le nouveau cool !
Il est humainement impossible d'être tout le temps branché et à l'écoute de tout. Alors si on assumait ses limites et on se réjouissait de ne pas être au courant ?

Cela m'est arrivé pendant des vacances : mon téléphone est tombé dans la mer... Je ne vous cache pas que, pendant quelques minutes, j'ai paniqué, mais après coup, quand je l'ai récupéré et que j'ai constaté qu'il était définitivement H.S., j'ai passé une semaine extraordinaire ! Je n'avais plus besoin de le consulter, savoir, publier... Et cela m'a fait un bien fou. Une **VRAIE** semaine de vacances.

Bien entendu, je ne vous conseille pas de détruire votre téléphone, mais **essayez de passer des journées entières sans lui !**

Au début, c'est dur. Cela s'apparente à une expérience de manque. Mais si vous vous accrochez, vous verrez... vous serez tellement plus serein !

49 %

des Millennials ont déjà pris en photo un inconnu à son insu…

→ **23 %** pour publier la photo sur les réseaux sociaux.
→ **7 %** pour la partager avec leur cercle proche.
→ **40 %** pour la garder pour eux.

3/4

des gens ne sont pas à l'aise à l'idée **de faire un selfie en public.** (Le selfie serait-il une pratique « intime » ?)

60 %

des personnes pensent toucher leur téléphone 100 fois par jour… alors qu'en réalité, **la majorité d'entre nous le fait plus de 2 600 fois par jour** !

Le yoga, oui, mais pourquoi ?

Plus qu'une discipline, le yoga est un vrai mode de vie. J'ai commencé à le pratiquer il y a quelques années avec **Heberson**… et quelle découverte incroyable !

Heberson a développé sa technique spécifique, appelée Vibhava Yoga. J'aime beaucoup la façon dont il l'enseigne, car il adapte le yoga aux limites de chacun et travaille pour que chaque personne puisse progresser tout en respectant sa nature. Il s'est inspiré d'un yoga très ancien et a organisé des séquences qui permettent d'obtenir des résultats précis et de rendre cette pratique accessible à tous. Dans mon cas, il sait que je ne ferai jamais le poirier mais que j'arrive très bien à faire d'autres mouvements. Il connaît mes forces et mes faiblesses et adapte ma pratique à mon rythme. En sanskrit, *vibhava* veut d'ailleurs dire « évolution » : c'est une méthode qui permet d'évoluer dans sa pratique.

Lorsque j'ai commencé le yoga, je cherchais une activité physique régulière pour garder la forme. Et, contrairement à ce que pensent certains, **le yoga travaille les muscles en profondeur.** Il apporte aussi beaucoup de souplesse – ce qui est vital pour la jeunesse du corps.

Mais le yoga va au-delà de ça… Certes il est formidable pour la souplesse, l'énergie, le tonus, mais **il nous apprend aussi la concentration !**

La pratique de la méditation – qui fait partie intégrante du yoga – permet de se calmer, de s'ouvrir aux énergies positives, d'aller à l'essentiel.

Car entendons-nous bien : **le but, c'est d'appliquer les enseignements et les bienfaits dans notre vie quotidienne.** C'est dans la vraie vie que cette pratique porte ses fruits ! On acquiert par exemple les bons réflexes : une bonne posture, une respiration profonde en cas de stress, une meilleure gestion des émotions… C'est comme une sorte de super pouvoir qu'on peut actionner à n'importe quel moment. Un outil pour se libérer de tout ce qui peut nous retenir : les contraintes de la vie quotidienne, nos limitations mentales…

Dans un monde où tout va de plus en plus vite, trouver une activité qui nous permet de ralentir, de nous centrer et de trouver une harmonie entre notre corps et notre esprit, c'est précieux.

On commence ? *Namaste !*

Quelques exercices que j'aime particulièrement

Je gère mon stress • p. 32
Je booste mon énergie • p. 86
Je médite • p. 116
Je muscle mon corps • p. 160

LES INFINIS BIENFAITS DU YOGA

- **Se calmer**
- **Se tonifier**
- **Gagner en souplesse**
- **Bien dormir**
- **Se concentrer**
- **Corriger sa posture**
- **Améliorer son bien-être intérieur**
- **Apprendre à connaître son corps**

LA PRATIQUE DU YOGA, BY **HEBERSON**

Je gère mon stress

Voici un exercice de respiration, **le Nadi Shodhana Pranayama**, plus connu sous le terme de « respiration alternée », idéal à pratiquer avant un rendez-vous important. Vous pouvez également l'exécuter tous les jours si vous êtes quelqu'un de naturellement stressé, ou au minimum deux fois par semaine.

La respiration alternée aide à relâcher les tensions physiques et mentales **tout en rechargeant votre énergie.** Elle permet d'oxygéner et de dynamiser toutes les cellules du corps. Elle améliore également la qualité du sommeil en procurant un état de détente et de décontraction absolue. N'oubliez pas de **toujours respirer par le nez !**

1.

Commencez par vous asseoir, le dos droit.

2.

Videz complètement les poumons et placez la main droite dans la posture jñana mudrá.

3.

Avec le majeur de la main droite, bouchez la narine droite et inspirez par la narine gauche. Bloquez votre respiration avec les poumons remplis d'air.

4.

Bouchez la narine gauche avec le majeur de la main droite et expirez par la narine droite.

5.

Inspirez par la narine droite. Bloquez la respiration avec les poumons remplis d'air.

6.

Bouchez la narine droite et expirez par la narine gauche.

7.

Répétez au moins 20 fois cette respiration.

En plus de l'exercice de respiration, il existe des postures qui permettent de libérer des zones de tension et donc de mieux gérer son stress.

La torsion assise ci-dessus, appelée Matsyendrásana, élimine non seulement les blocages accumulés dans le dos, mais aussi les tensions de l'abdomen.

LA DÉCO BY CAROUCHE

CRÉER UNE TABLE BASSE À PARTIR D'UNE PALETTE DE CHANTIER

Lorsqu'on sort tout juste du lycée et qu'on s'installe pour la première fois dans son chez-soi, la récup, très tendance ces dernières années, permet de créer à bas coût ses propres meubles.
Elle nécessite peu d'achats de fournitures, quelques outils, mais surtout de l'huile de coude et de l'imagination ! Dans cet esprit, les palettes de chantier, souvent abandonnées dans la rue, sont une bonne base pour fabriquer une table basse de salon sur mesure...

MATÉRIEL

- 1 palette de chantier (généralement 120 x 100 cm)
- 4 roulettes, ø 65 mm, à plateforme pivotante, dont 2 avec frein
- 1 plaque de sapin ou de médium, 120 x 70 cm (la largeur est à adapter en fonction des dimensions de la palette)
- 6 tasseaux (120 x 4 cm, à définir en fonction de la taille des interstices de la palette)
- 25 vis à bois
- Peinture noire et peinture de couleur
- Colle universelle Axton « Tout Fixer » pour matière poreuse
- Une ou plusieurs bombes de couleur
- Des pochoirs en métal

OUTILS

- Ponceuse à bois avec papier abrasif (grain n° 40 et n° 80)
- Scie sauteuse
- Visseuse
- Tournevis plat
- Marteau
- Petit rouleau à peindre

Coût approximatif : 70 €

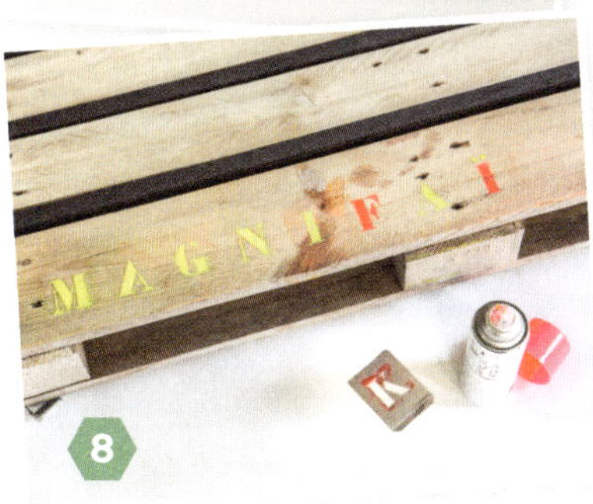

1. Commencez par préparer la palette en ponçant le plateau pour enlever l'aspect rugueux.

2. Retournez la palette, sciez la latte centrale pour la retirer. Puis, à l'aide d'un tournevis plat, faites levier sur les morceaux restants de la latte centrale pour les enlever.

3. Peignez en noir la plaque de sapin ou de médium préalablement découpée aux bonnes dimensions (longueur = longueur de la palette ; largeur = espacement entre les deux lattes restantes du fond de la palette). La plaque servira de fond à la table et permettra d'y glisser des magazines.

4. Peignez à votre goût les 6 tasseaux (certains en noir, d'autres en couleur). Ils seront fixés entre les lattes du plateau pour combler les espaces vides.

5. Fixez la plaque de médium en son centre en utilisant des vis à bois qui viennent s'insérer dans les plots de bois de la palette (4 vis par plot).

6. Sous la palette, aux 4 coins, fixez les roulettes avec des vis.

7. Retournez la palette pour mettre la table à l'endroit. Collez les tasseaux dans les interstices du plateau. Pour cela, mettez de la colle sur les trois plots ainsi que sur les emplacements correspondants, sur une des faces de chaque latte. Puis ajustez-les dans les interstices.

8. Personnalisez le plateau en bombant les pochoirs.

EN MODE BURGER

Pour les amoureux de bonne viande qui ont besoin de forces au milieu de la journée, voici la recette d'un bon burger.

POUR 2 PERSONNES
PRÉPARATION : 30 MIN
CUISSON : 40 MIN
REPOS : 12 H

Ingrédients

Pour les pickles d'oignon
- 1 oignon rouge
- 100 g de sucre en poudre
- 15 cl de vinaigre de riz
- 1 feuille de laurier
- 4 grains de poivre

Pour les burgers
- 2 buns briochés
- 300 g de collier de bœuf haché
- 400 g de pommes de terre Bintje
- 5 c. à café de fromage blanc
- 150 g de tomme de chèvre (2 belles tranches)
- 4 feuilles de chicorée
- 1 cornichon Malossol
- 1 c. à café de moutarde à l'ancienne
- 2 c. à soupe de grains de grenade fraîche (facultatif)
- 2 c. à soupe d'huile d'olive
- Sel et poivre du moulin
- Gros sel

La veille

1. Préparez les pickles. Épluchez et taillez l'oignon en rondelles.

2. Dans une casserole, faites bouillir le vinaigre et le sucre. Ajoutez l'oignon, le laurier et les grains de poivres. À la reprise du bouillon, laissez cuire 8 minutes.

3. Déposez le tout dans un bocal hermétiquement fermé et conservez au frais toute la nuit.

Le jour même

4. Préparez les pommes de terre. Épluchez-les et taillez-les en allumettes. Déposez-les dans une grande casserole d'eau froide puis portez à ébullition pour les précuire. Dès que l'eau bout, égouttez les allumettes et séchez-les délicatement avec un torchon propre.

5. Préchauffez le four à 200 °C. Couvrez la plaque de cuisson de papier sulfurisé et répartissez les allumettes. Arrosez d'un filet d'huile d'olive et mélangez avec les mains. Enfournez pour 25 minutes.

6. Réalisez deux belles boules avec la viande hachée et aplatissez-les légèrement avec la paume de la main. Réservez dans une assiette à température ambiante.

7. Dans un récipient, mélangez le fromage blanc, la moutarde et une c. à soupe d'huile d'olive. Salez et poivrez puis réservez au frais. Coupez les buns en deux et faites-les toaster. Tartinez les parties inférieures de sauce au fromage blanc.

8. Dans une poêle, faites chauffer un filet d'huile d'olive et faites cuire les steaks 1 minute de chaque côté, à feu vif. Ajoutez la tomme sur les steaks et prolongez la cuisson quelques secondes jusqu'à ce que le fromage soit fondu.

Le dressage

9. Déposez les feuilles de chicorée sur les buns et ajoutez les steaks au fromage. Coupez le cornichon en quatre tranches et déposez-les sur les burgers. Ajoutez une cuillerée de sauce et les pickles d'oignon. Poivrez et refermez les burgers.

10. Pour apporter une touche de peps, parsemez de grains de grenade. Servez avec les frites allumettes préalablement parsemées de gros sel.

POUR DANSER JUSQU'AU BOUT DE LA nuit !

DANS LA MODE,
IL Y A DES RÈGLES…
MAIS LES RÈGLES
SONT PARFOIS FAITES
POUR ÊTRE TRANSGRESSÉES !

La tendance n'a pas pu vous échapper : les années 1980 reviennent à fond ! Les minirobes imprimées avec des couleurs flashy, les maxi-ceintures et les bijoux XXL sont de retour. Et j'adore !

Ici, on a **détourné la veste imprimée** en robe... C'est d'un féminin ! Et comme Yali a une taille de guêpe, on n'oublie pas de bien la souligner avec une ceinture épaisse. Il n'y a rien de tel que de **marquer une taille** pour conférer de la féminité à un look.

Aux pieds, les bottines chaussettes donnent une touche branchée ! J'aime la façon dont elles révèlent la finesse des chevilles, et surtout apportent une note rock à l'ensemble.

Pour le soir, impossible de se passer de **détails précieux**. La petite pochette en strass, les créoles fantaisie, l'accumulation de petites bagues et, surtout, un bracelet manchette à chaque poignet donnent de l'éclat à ce look festif.

Pour la mise en beauté, j'ai voulu réveiller la magnifique crinière bouclée de Yali et faire un eye-liner pailleté bleu. C'est une mise en beauté naturelle, mais légèrement plus travaillée que pour la journée.

Petite précision : pour ce look, on a choisi de faire **un maquillage raccord avec la robe**, c'est-à-dire de la même couleur... L'eye-liner lapis-lazuli et le bleu de la robe se répondent. Et cela même si je dis souvent qu'on ne doit pas marier la couleur des vêtements avec le maquillage. C'est une règle de base pour éviter des fashion faux pas. Mais là, comme tout est tendance, ça fonctionne ! Vous voyez, les filles, il ne faut pas être psychorigide avec la mode, mais jouer avec ses codes, et surtout... exercer votre imagination !

TUTO MAKE-UP

L'EYE-LINER PAILLETÉ

J'adore les paillettes pour rehausser un maquillage de soirée ! L'eye-liner pailleté est la meilleure façon de s'assurer un regard aussi lumineux que pétillant, pour un rendu à la fois festif, frais et glamour. Et on peut décliner les couleurs au gré de ses envies ! Ici, le vert fait merveille sur des yeux marron et en amande comme ceux de Yali, car il suit délicatement la ligne du regard. Remarquez que le teint reste naturel pour ne pas surcharger sa mise en beauté. L'éclat iridescent est sur les yeux, et c'est tout ! Voilà le secret d'un maquillage branché pour faire la fête... Fantaisie et modernité garanties.

QUAND TU AS
UNE SOIRÉE
ET QUE TU VEUX
BRILLER
DE MILLE FEUX...

#LEREGARDQUITUE

1. Pour commencer, on hydrate la peau avec une crème spécifique. Comme Yali a un teint uniforme et lumineux, le fond de teint n'est pas nécessaire. On applique simplement de l'anticernes sous les yeux et sur les éventuels boutons ! Mais attention : il ne faut pas lisser l'anticernes avec le pinceau. L'idéal, c'est de tapoter délicatement le produit sur le bouton.

2. Pour matifier, il suffit d'appliquer un voile de poudre libre sur la zone T, c'est-à-dire le front, le nez et le menton.

3. Pour un fini naturel, il ne reste plus qu'à rehausser le teint avec un blush crème.

4. On s'applique pour dessiner les sourcils avec un mascara à sourcils... Le bon geste consiste à hachurer de l'intérieur vers l'extérieur, en intensifiant la pointe du sourcil plutôt que la tête.

5. C'est le moment de poser une base de fard à paupières longue tenue sur la paupière mobile.

6. On se concentre pour réaliser l'eye-liner. Avec un crayon, on trace un trait de l'intérieur de l'œil vers l'extérieur. Le trait est fin sur la première moitié de la paupière, puis il s'épaissit et remonte légèrement en direction du sourcil.

7. Avec un pinceau biseauté, on applique la colle à paillettes sur l'ensemble du trait de crayon.

8. La suite est plus délicate : avec un pinceau à embout rigide, il s'agit de prélever les paillettes puis de les disposer sur le trait de crayon en tapotant. Il est interdit d'étirer !

9. On peut à nouveau respirer pendant la pose du mascara. On reste tout de même concentrée pour bien recourber les cils vers le haut.

10. Après le blush, on applique une touche de highlighter sur la partie supérieure des pommettes...

11. Du gloss sur les lèvres...

Et c'est terminé !

PAS DE PANIQUE AVEC LES PAILLETTES !

Attention, les paillettes sont de petites choses capricieuses ! Il est quasiment impossible de les appliquer sur les yeux sans que quelques-unes viennent se poser sur les joues... Alors pour éviter le look « boule à facettes », voici comment les enlever délicatement de votre visage.

- **Astuce n° 1 : enroulez un scotch autour de votre doigt, puis tapotez sur la zone. Les paillettes adhéreront rapidement.**
- **Astuce n° 2 : époussetez délicatement les paillettes avec un pinceau goupillon.**

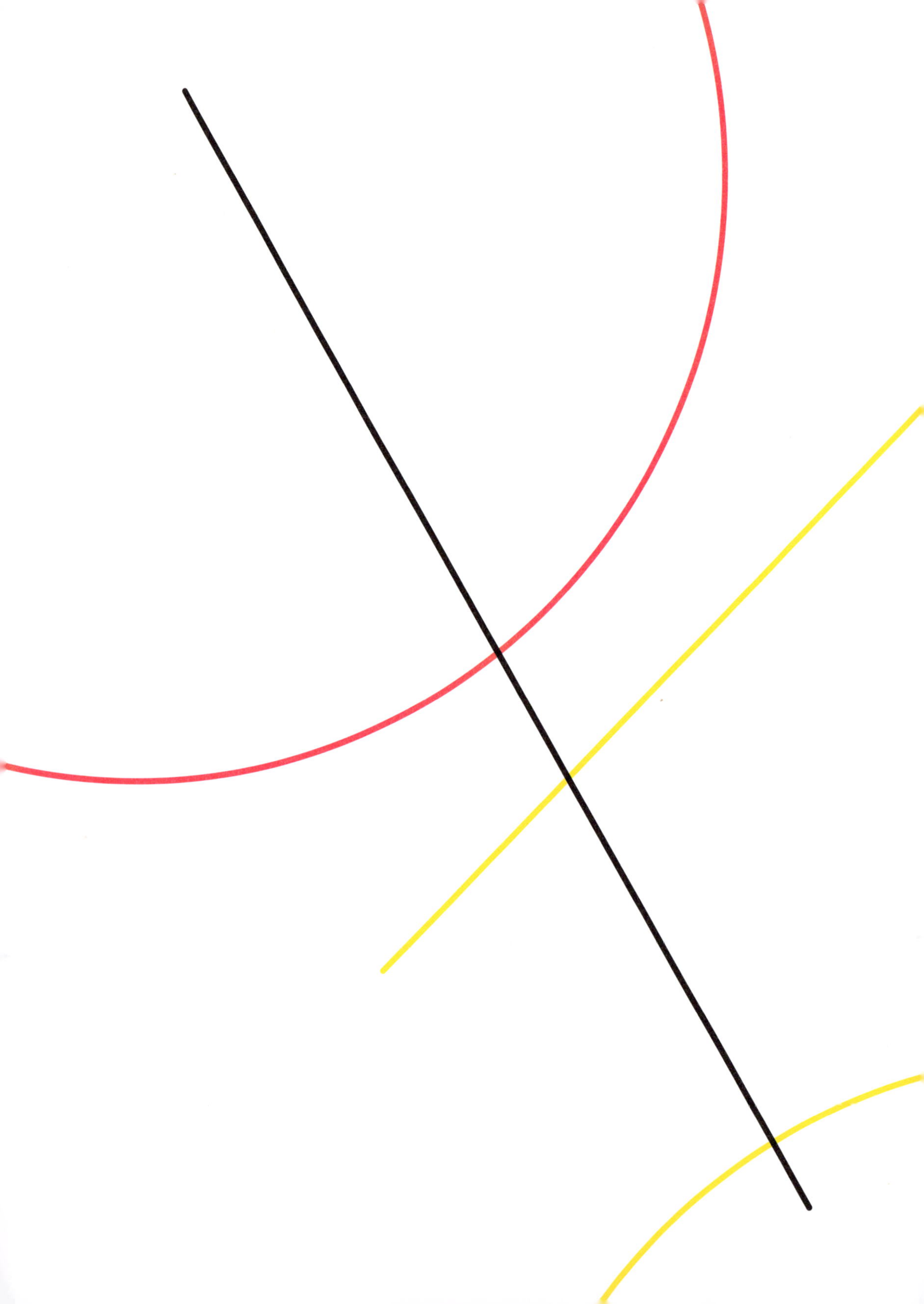

Arrête

d'avoir envie. Fais-le !

Fou
Gentil
Près des autres

HUGO

20 ANS

ÉTUDIANT EN 1ÈRE ANNÉE DE COMMERCE INTERNATIONAL	TOTAL FASHION ADDICT	ENTIER	LES PIEDS SUR TERRE

IL VEUT

Ouvrir son épicerie fine bio dans une ville cosmopolite ! Là-dessus, il bouillonne d'idées. Il voit déjà la déco contemporaine de sa boutique, le coin cantine, les produits sur leurs étals… C'est un rêve qu'il caresse depuis ses 14 ans ! Et n'oublions pas qu'il désire s'acheter une Porsche noire avant ses 40 ans. Il voit les choses en grand, Hugo !

IL S'IMPLIQUE DANS

IL A BESOIN DE

- Sa famille
- Ses amis
- Être différent
- Faire du sport

IL ADORE

La mode, c'est une vraie passion. Depuis tout petit, il arpente les boutiques avec son père et collectionne les belles marques.
C'est aussi un féru d'art contemporain : Jackson Pollock, Keith Haring, Basquiat… Il fréquente les expositions, mais également les galeries, pour s'imprégner de la vie des artistes.
Sans oublier le sport : il pratique au niveau international la lutte libre et la lutte gréco-romaine. Étonnant !

POURQUOI LUI

De toutes les personnes qui ont participé au livre, celle qui en avait le plus envie, c'était Hugo… Qu'importe s'il devait se lever à 5 h du matin et venir en covoiturage depuis la Belgique ! Il voulait être dans le livre, car c'est un vrai « fashionista ».
Et puis, lors du casting, cela m'a sauté aux yeux : Hugo est un esthète doté d'un point de vue original.

UN étudiant BIEN DANS SES BASKETS

EN MODE STREET WEAR POUR ALLER À LA FAC

Pour être moderne et dans l'air du temps, on adopte les codes du street wear, c'est-à-dire des **habits urbains**, tels que la doudoune, les baskets, le jean… Mais pas n'importe lesquels ! Il faut fuir comme la peste les habits quelconques ou trop usés dans des coloris ternes…

Pour que la silhouette soit dynamique, mieux vaut privilégier les détails pointus.

Comme **la tendance est au rappel de couleur**, la doudoune reprend l'orange des baskets. Ça réveille !

Pour ne pas toutefois surcharger le look, on calme le jeu ailleurs : le jean reste brut et skinny pour mettre en valeur les jambes d'Hugo ; le pull rayé apporte une touche graphique discrète.
Les lunettes vintage à montures dorées décalent la tenue avec une **touche rétro**.

Et… détail qui n'en est pas un : la fameuse banane qu'on porte croisée devant – pas autour de la taille ! – et par-dessus la doudoune. C'est la touche street qui complète ce look à la fois tendance et **facile à reproduire**.

Si mes

défauts

ne vous plaisent pas,
j'en ai d'autres.

MANGER BON ET SAIN

Les Millennials sont connus pour être la génération foodie. Comme ils ont grandi avec le fast-food et la malbouffe, ils sont aux premières loges pour constater les dégâts sur la santé (et la planète !) d'une alimentation déséquilibrée. Cholestérol élevé, diabète de type 2, problèmes cardiaques, dépression, ostéoporose... La liste n'en finit pas quand on regarde les effets néfastes d'une alimentation trop grasse, trop sucrée ou trop salée.

MON EXPÉRIENCE...

Je vais vous parler d'une rencontre que j'ai faite à 14 ans et qui a changé ma vie.

Adolescente, j'avais décidé de mincir car je voulais devenir mannequin. Je suis donc allée chez un nutritionniste – il était hors de question de mettre ma santé en danger ! Je vous conseille d'ailleurs de faire de même si vous voulez vous lancer dans un régime.

Ce médecin m'a ouvert les yeux sur les calories et les quantités... J'ai par exemple été époustouflée de découvrir que les petits sachets de cacahuètes que je mangeais souvent étaient des bombes caloriques !

Grâce à la table de calories qu'il m'a fournie, j'ai appris à distinguer les aliments qui étaient riches en calories de ceux qui ne l'étaient pas – parmi tous les groupes d'aliments...

Grâce à ce médecin, j'ai changé mon rapport à la nourriture. Cette rencontre a été tellement décisive que, depuis, **je n'aime que les aliments sains.** Bien sûr, j'ai quelques petits péchés mignons ! Mais j'ai pris le pli de toujours manger équilibré et de faire du sport. C'est ainsi que je vis ma vie.

Je vous conseille donc de consulter un professionnel de la nutrition et d'avoir une table de calories pour chaque groupe d'aliments. À partir de là, vous allez apprendre à équilibrer vos apports énergétiques et à mincir – si tel est votre souhait !

UNE ALIMENTATION ÉQUILIBRÉE, QU'EST-CE QUE C'EST ?

On entend souvent dire qu'il faut manger sain, mais comment mettre cela en pratique ? Plutôt que de faire des régimes restrictifs (bonjour l'effet yo-yo !), l'idéal est de manger un peu de tout (les 5 groupes d'aliments : produits laitiers ; viande, poisson, œuf ; céréales ; fruits et légumes ; matières grasses) – avec modération.

- **Manger plus de fruits et de légumes :** idéalement 2 fruits et 5 légumes par jour pour un adulte. Bio de préférence.
- **Manger moins de graisses saturées et trans.**
- **Saler moins.**
- **Manger moins de sucre.**
- **Boire de l'eau** (non pas des sodas ou jus de fruits pasteurisés).
- **Veiller à la taille des portions :** c'est l'autre clé d'une alimentation équilibrée. On ne se ressert pas !
- **Penser à la méthode de cuisson :** la friture, c'est la pire ! Mieux vaut privilégier la cuisson à la vapeur, au four ou au wok (sauté avec peu de matière grasse).

À QUOI RESSEMBLE UNE ASSIETTE HEALTHY ?

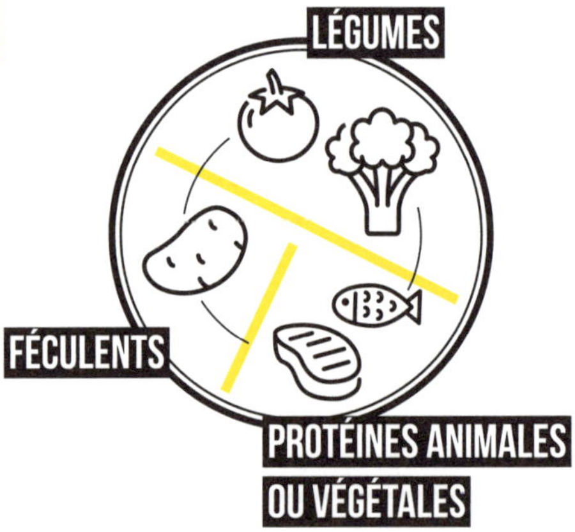

Qu'est-ce qui rend la génération des Millennials unique ?

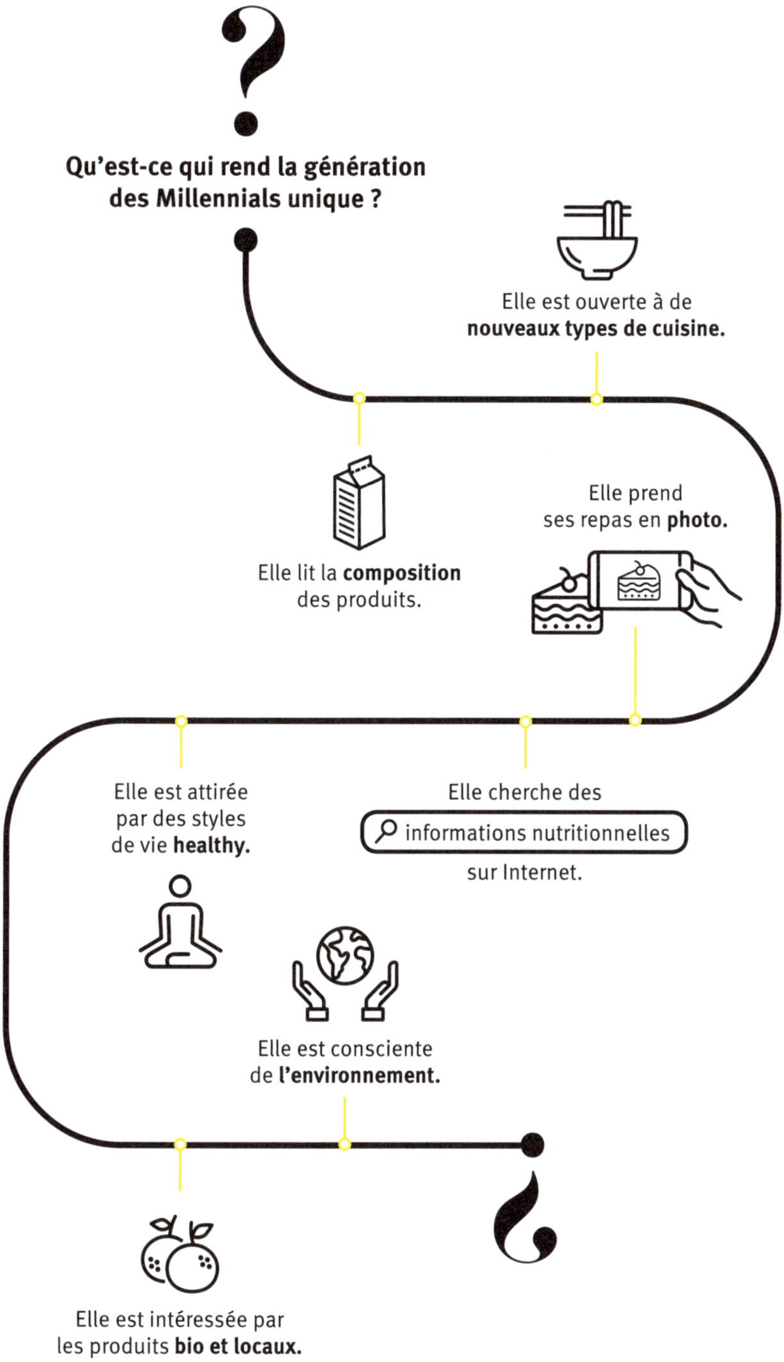

MON SMOOTHIE SUPER VITAMINÉ

Quand je suis au Brésil, pour faire le plein d'énergie le matin ou retrouver la pêche dans l'après-midi, rien de tel que ce concentré de saveurs et de couleurs ensoleillées !

POUR 2 PERSONNES
PRÉPARATION : 5 MIN

Ingrédients

- 1 banane
- 1/2 ananas + 1 tranche
- 1/2 mangue
- 1 gousse de vanille
- 20 cl d'eau de coco
- 2 c. à café de graines de chia
- 1 poignée de glace pilée
- 1 c. à café de poudre de noix de coco
- 4 feuilles de menthe fraîche

1. Épluchez la banane et coupez-la en rondelles dans la cuve d'un blender. Faites de même pour l'ananas et la mangue.

2. Fendez en deux la gousse de vanille et prélevez les graines à l'aide d'un couteau lisse. Ajoutez-les au mélange précédent puis couvrez d'eau de coco.

3. Mixez le tout quelques secondes jusqu'à ce que la préparation soit bien lisse et homogène.

4. Déposez la glace pilée dans deux grands verres, puis répartissez le smoothie à l'intérieur.

5. Parsemez de poudre de noix de coco et de graines de chia. Découpez la tranche d'ananas en deux triangles et fixez-les sur le rebord des verres. Enfin, déposez des feuilles de menthe fraîche sur les smoothies et ajoutez une jolie paille en carton avant de servir.

Au gré des saisons et de vos envies, vous pouvez essayer : chou Kale, citron, poire et kiwi / épinard, pomme verte, citron, concombre et gingembre / fraise, banane, orange et framboise / myrtille, orange, citron, banane et gingembre.

LA DÉCO BY CAROUCHE

RETOUR DE VOYAGE

Qui n'a jamais ramené de ses voyages un mug « I Love N.Y. », un chapeau asiatique, un sari indien ou encore un porte-monnaie rempli de pièces étrangères ? Autant de souvenirs de voyages que l'on aimerait bien mettre en valeur et intégrer dans notre déco très française. **Voici quelques conseils et astuces pour harmoniser les différents styles, sans tomber dans l'accumulation hétéroclite.**

L'idée phare est d'imaginer des détournements d'objets, de s'employer à les réutiliser d'une façon différente, de valoriser leur beauté artisanale en les mixant subtilement à un décor occidental.

Par exemple, évitez d'accrocher simplement au mur des **CHAPEAUX ICONIQUES** des rizières, mais mettez-les en valeur en les détournant sous forme de suspensions.

UN SARI

ne donnera pas toute sa mesure si vous vous contentez de l'utiliser en jeté de canapé. Il révèlera toute sa beauté et toute sa force employé comme un voilage de fenêtre, qui offrira une lumière chaude, douce et romantique dans une chambre.

1 mug, 2 mugs, 3 mugs.... et si cette frénésie de

MUGS ÉTRANGERS

pouvait être prétexte à les exposer dans la cuisine, suspendus grâce à des gros clous plantés sur une simple planche en bois brut fixée au mur ?

Quant aux innombrables

PIÈCES DE MONNAIE

accumulées lors de vos différents voyages, que vous avez enfermées dans une boîte..., comment les exposer sans passer pour un collectionneur un peu fou ? Pour leur originalité, leur patine, ou juste pour se rappeler des pays visités, il suffit de coller un petit aimant sur l'une des faces de la pièce et de l'utiliser ensuite pour fixer photos et notes sur le frigo !

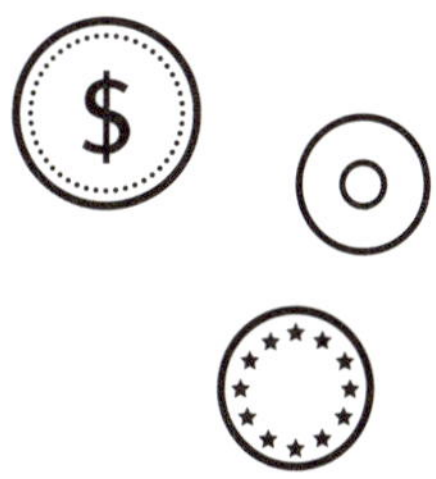

L'ART D'ÊTRE chic ET COOL

Sortir, sortir sortir ! Tel est le leitmotiv des Millennials ! Bars, restaurants, concerts, boîtes de nuit... autant d'occasions pour découvrir la nuit avec ses amis.

Mais, s'il vous plaît, ne reproduisez pas vos looks de jour pour vos soirées ! Quand la nuit tombe, bannissez les tenues « sortie de la fac »... Au contraire, **amusez-vous avec la mode** et **soignez votre look** pour avoir l'air chic et cool.

J'ai donc décidé de troquer les vêtements street et décontractés d'Hugo pour des **pièces plus sophistiquées** telles qu'une belle chemise imprimée et un pantalon chino bordeaux... Ces basiques de la garde-robe masculine sont un must dans n'importe quelle penderie qui se respecte ! Choisissez-les dans de belles matières et des coupes actuelles, pour avoir la classe !

On décale ces beaux classiques avec un Perfecto en cuir pour apporter une note plus sulfureuse. Je recommande le Perfecto pour tous – filles et garçons ! –, car cet intemporel permet toujours de décaler les looks avec une pointe de rébellion.

IN SNEAKERS WE TRUST !

Et aux pieds… des baskets ! Car aujourd'hui, **les baskets sont devenues synonymes de chaussures**, et il est inimaginable de sortir avec autre chose aux pieds. Il faut dire que ce modèle sobre et noir apporte justement ce petit surplus de « coolitude » à l'ensemble. Et soyons pointus : ces baskets collector – Yeezy 350 Bred – sont le fruit d'une collaboration entre Adidas et le rappeur superstar Kanye West. On ne peut pas faire plus branché, n'est-ce pas ?

Cela dit, vous pouvez bien sûr sortir avec des chaussures plus chics comme des bottines ou des chaussures à lacets. Mais remarquez que les modèles dans l'air du temps de ces dernières années ont toujours une touche décontractée, empruntée à l'univers des baskets d'ailleurs. La mode actuelle inclut constamment cette **touche de décontraction…**

Il n'y a rien de meilleur
au monde que
l'amitié.

Les amis
sont le sel de la terre.

(Jorge Amado)

Toujours en forme !

Le sport.... Voilà un sujet central pour les Millennials ! Tellement important, d'ailleurs, que les entreprises doivent aujourd'hui répondre aux attentes de bien-être et de santé des employés pour attirer cette génération. À cela, je dis tout simplement : bravo ! **La pratique sportive a toujours été très importante dans ma vie, et je ne peux que la conseiller aux autres.** Et comme je sais que les Millennials ne se cantonnent pas à un seul sport, j'ai décidé de vous parler de trois disciplines qui pourraient vous intéresser...

LA BOXE

Voilà un sport parfait pour ceux qui ont besoin de se défouler. Et détrompez-vous tout de suite, il ne s'agit pas de bagarre. Au contraire, c'est quasiment une danse ! J'ai pratiqué pendant un certain temps et j'ai adoré, car cela me permettait de me débarrasser de mon stress. C'est très physique, très cardio, et après une séance, on est tellement plus détendu ! Essayez pour vous faire votre idée.

LES BIENFAITS ...

- **Hyper efficace pour évacuer le stress**
- **Assèche le corps. Avec une alimentation équilibrée, la boxe vous fera fondre si vous désirez mincir.**
- **Parfaite pour accroître les performances cardiaques.**
- **Renforcement musculaire de tout le corps garanti !**
- **Développe la motricité et la coordination. Il ne faut jamais perdre son adversaire de vue !**

ANCHE

LE FOOT

Étant brésilienne, impossible de faire l'impasse sur le football ! **C'est un sport de groupe fantastique, à la fois physique et stratégique.** J'ai d'ailleurs voulu que mon fils Enzo le pratique dès son enfance. Résultat ? C'est aujourd'hui sa passion. Et je lui laisse la parole pour expliquer comment il joue (car la pratique s'est diversifiée !).

ENZO ET LE FOOT

« Depuis que je suis tout petit, on parle de football à la maison, et c'est tout naturellement que ma mère m'a inscrit dans un club à Rio. À chaque fois qu'on partait au Brésil pour les grandes vacances, je m'entraînais dans ce club. Je garde des super souvenirs de cette période. Je pratique toujours le foot aujourd'hui car je fais des parties de five toutes les semaines. Le five, c'est une variante du football qui se joue à cinq (un gardien et quatre joueurs sur le terrain). Nous sommes donc dix au total, et les terrains sont plus petits. Pour arriver à rassembler dix joueurs, on utilise une application qui s'appelle « Krank Club » ; elle permet de se connecter avec d'autres joueurs et de louer un terrain. C'est super simple et il existe même des championnats de five en France ! »

LES BIENFAITS …

- **Idéal pour ceux qui aiment les sports d'équipe.**
- **Top pour tonifier le muscle cardiaque !**
- **Améliore l'endurance cardio-respiratoire.**
- **Développe les réflexes et l'agilité.**

Les Millennials pratiquent le sport par **quête de bien-être et pour soigner leur image.**

LA CAPOEIRA

Il existe un sport un peu plus confidentiel, mais fantastique, et qui va sans doute vous dépayser : la capoeira.
C'est à la fois un sport de combat et une danse. Ce sont les esclaves africains au Brésil qui ont créé cette pratique au XVIe siècle. Les maîtres pensaient qu'ils dansaient, mais en réalité, les esclaves se préparaient de façon déguisée au combat.
C'est donc une pratique intimement liée à la résilience et à la liberté. Magnifaïk !

LES BIENFAITS ...

- **Tout le monde peut pratiquer la capoeira : enfants comme adultes.**
- **Très convivial.**
- **Améliore les réflexes ainsi que le sens du rythme.**
- **Augmente l'endurance.**
- **Renforcement musculaire garanti.**
- **C'est joyeux ! La musique est très entraînante.**

LA PLAYLIST SPORT D'ENZO

***Look alive* – BlocBoy JB x Drake**

***Ugh* – Young Dro**

***Still D.R.E* – Dr Dre x Snoop Dogg**

***MotorSport* – Migos**

***PGP* – Booba**

***Paris c'est magique* – Ninho**

***A7* – SCH**

***Esquimaux* – Nekfeu x Nepal**

***Taste* – Tyga x Offset**

***La Gata* – Nicky Jam x Daddy Yankee**

1/3

des Millennials **partagent, sur les réseaux, les informations obtenues dans leur pratique sportive** grâce aux objets connectés.

MA GREEN SALADE

Plus elles sont vertes et plus je les aime… Parmi les salades composées, celle-ci m'apporte tout ce dont j'ai besoin : de la fraîcheur, de la bonne énergie et comme un petit air de nature qui me réchauffe le cœur.

POUR 2 PERSONNES
PRÉPARATION : 15 MIN
CUISSON : 15 MIN

Ingrédients

- 2 poignées de roquette
- 2 poignées de pousses d'épinards
- 1 courgette
- 8 asperges vertes
- 100 g de petits pois frais
- 30 g de noisettes
- 1 avocat
- 4 c. à soupe d'huile d'olive
- Le jus d'un citron vert
- Sel
- Poivre du moulin

1. Faites bouillir un grand volume d'eau salée dans une casserole, puis plongez-y les petits pois écossés pour 10 minutes de cuisson. Égouttez-les puis plongez-les dans l'eau froide afin de couper la cuisson et de conserver la couleur verte. Réservez.

2. Lavez puis épluchez les asperges à l'aide d'un Économe. Coupez-les ensuite en deux ou en quatre en fonction de leur épaisseur. Faites-les revenir quelques secondes dans une poêle avec un filet d'huile d'olive, puis ajoutez les petits pois. Laissez cuire 3 minutes.

3. Lavez la courgette puis réalisez des tagliatelles à l'aide d'un Économe.

4. Déposez la roquette et les pousses d'épinards dans les assiettes. Ajoutez ensuite le mélange d'asperges et de petits pois ainsi que les tagliatelles de courgette.

5. Concassez grossièrement les noisettes et faites-les torréfier 3 minutes dans une poêle bien chaude. Parsemez sur la salade, salez et poivrez.

6. Épluchez l'avocat, taillez-le en fines tranches et disposez-le avec le reste des ingrédients.

7. Mélangez l'huile d'olive et le jus de citron vert dans un récipient, versez cette sauce sur la salade. Servez aussitôt !

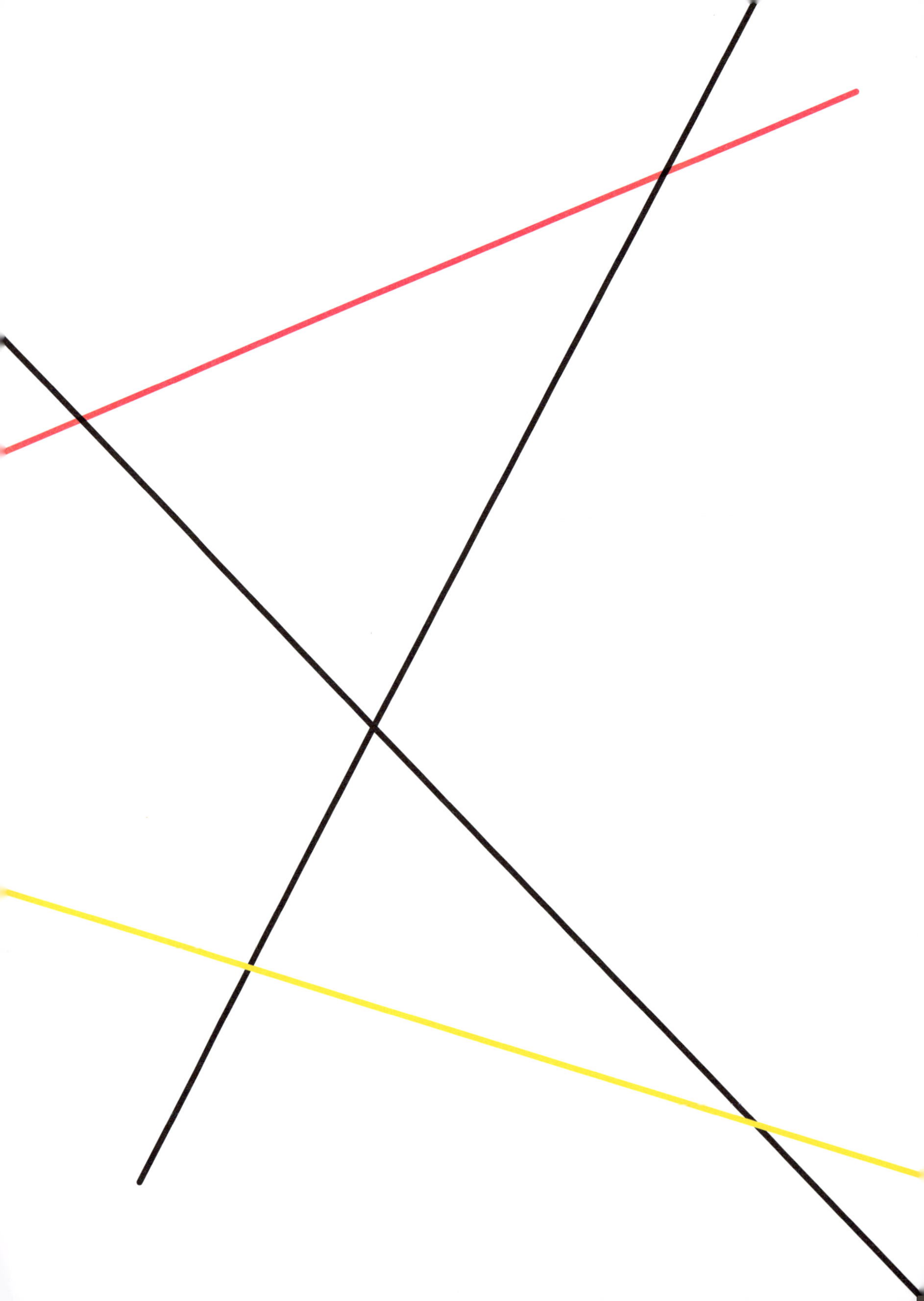

La plus belle chose
au monde,
c'est de vivre chaque
instant
comme si c'était le dernier.

(Vinícius de Moraes)

Simple
Romantique
Joyeuse

EMMANUELLE

23 ANS

JEUNE DIPLÔMÉE D'UNE ÉCOLE DE DESIGN	ARTISTE	ÉCLECTIQUE	DÉVOREUSE DE LIVRES

ELLE VEUT

Plus d'égalité entre les hommes et les femmes dans le monde !
Dans sa vie, elle veut s'épanouir : ouvrir son agence de design, apprendre tous les jours et être entourée de personnes passionnées et passionnantes. Elle est animée d'un profond désir de se renouveler sans cesse et de n'avoir rien à regretter. C'est extra !

ELLE S'IMPLIQUE DANS

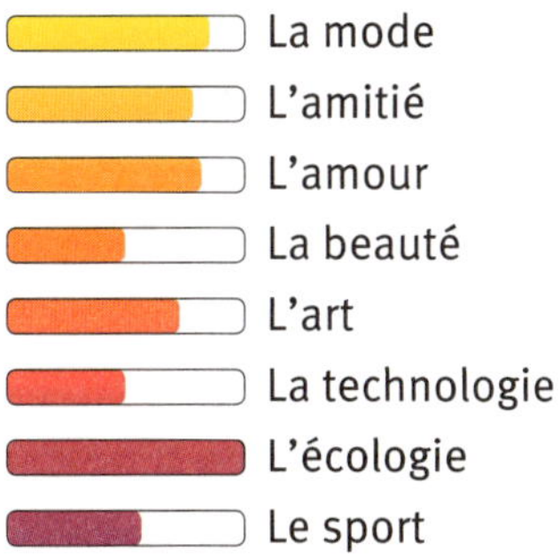

ELLE A BESOIN DE

- Sa famille
- Bien manger
- La mode
- Sa chienne yorkshire « Daïa »

ELLE ADORE

Les petits instants volés à la vie... Par exemple chanter à tue-tête en voiture, s'éterniser à table pendant les repas de famille et passer des heures sur Internet (pour remplir de gigantesques paniers de vêtements qu'elle ne peut pas se permettre d'acheter).

POURQUOI ELLE

Parce que c'est une personne qui rêve les yeux grands ouverts. Pour sa beauté diaphane et évanescente, pour sa capacité à poser devant l'objectif tout en étant un peu loin, un peu absente.
Et parce qu'elle sait aussi se faire déroutante... Quand je lui ai demandé qui était son icône, elle a répondu du tac au tac : Freddie Mercury ! Cette bête de scène, dramatique et magnifique, la fascine. Elle aime sa théâtralité, sa voix hors norme, son exubérance.
Décidément, cette jeune femme réserve bien des surprises !

Direction LE BUREAU !

POUR BIEN COMMENCER LA JOURNÉE, MIEUX VAUT ÊTRE À L'AISE ET SÛRE DE SON LOOK !

Quand on travaille dans un milieu créatif comme le design d'objets ou la décoration d'intérieur, on se doit d'avoir un **look qui allie air du temps et praticité.**

Je lui ai proposé ce look féminin et moderne. Il est branché, car constitué de **deux pièces maîtresses :** la jupe tartan et la chemise western à franges. Sans oublier bien sûr des accessoires modernes : bottines ajourées en daim et sac bandoulière.

Regardons maintenant pièce par pièce... La jupe plissée tartan : son **imprimé intemporel** est extrêmement tendance. Mais attention ! Si vous avez des hanches développées, ce genre de jupe n'est pas l'idéal. Si vous aimez le tartan, essayez de le porter ailleurs sur la silhouette, voire dans les accessoires.

Emmanuelle porte sa jupe avec un collant noir 40 deniers et des bottines basses en daim. Une chemise noire ornée de **détails frangés** apporte une touche à la fois féminine et fantaisie.

Et on n'oublie pas le sac ! Je l'ai choisi ocre orangé pour rester dans le camaïeu d'automne. Remarquez qu'il est suffisamment grand pour pouvoir y ranger ses affaires, mais pas surdimensionné. Comme Emmanuelle a un petit gabarit, il faut toujours veiller à conserver une **harmonie entre sa silhouette et ses accessoires.**

Pour le maquillage, un smoky eye léger pour la journée est parfait. On travaille le teint en transparence et la bouche reste naturelle avec une finition mate.

Côté coiffure, je privilégie les belles ondulations d'Emmanuelle et lui propose une attache pour **sophistiquer** le tout.

Je booste mon énergie par la respiration

LA PRATIQUE DU YOGA, BY **HEBERSON**

Après une semaine de tournages non-stop, j'ai les batteries à plat ! Quand Heberson me voit, il comprend tout de suite qu'il faut booster mon énergie.
Cet exercice quotidien de respiration est magique. Quand on a un coup de fatigue, il fonctionne un peu comme un shoot d'énergie. Il oxygène le corps, nettoie les voies respiratoires, élimine les toxines et améliore l'humeur. C'est aussi un excellent antidépresseur !

1.

Inspirez et expirez par le nez, de manière dynamique et rythmée. Faites-le comme si vous étiez une « pompe à vélo », avec l'idée d'amener beaucoup d'air dans vos poumons.

2.

Pendant l'exécution de cet exercice, respirez toujours par le nez ! La respiration est bruyante, c'est normal.

3.

Gardez votre dos droit sans forcer avec votre gorge.

>

Faites l'exercice à votre rythme, et augmentez graduellement son intensité en modulant à la fois la vitesse et la durée de l'exercice.

>

Au moindre signe d'inconfort, arrêtez immédiatement.

>

En pratiquant régulièrement, vous pourrez exécuter des séances plus longues, plus rapides et plus fortes. Évoluez lentement, en respectant le rythme de votre corps.

Pour se recharger en énergie, la posture du guerrier (ci-dessus), appelée Virabhadrásana, est idéale. En lui ajoutant l'étirement des bras, elle permet de libérer des endorphines dans le corps – qui ont un effet énergisant. Sans oublier qu'en tenant cette posture, on renforce aussi la musculature des jambes.

Une femme

libre

est exactement
le contraire d'une femme
légère.

(Simone de Beauvoir)

TUTO MAKE-UP

DES YEUX CHARBONNEUX

Rien de tel qu'un joli charbonneux pour dessiner un regard de braise. Et il est tout à fait possible d'en réaliser un pour la journée. Tout se joue au niveau des couleurs et de l'intensité du smoky eye… Dans le cas d'Emmanuelle, on a choisi de faire un charbonneux léger dans des couleurs gris taupe, ce qui rend son regard plus intense, mais pas autant qu'un charbonneux noir. Ces couleurs font d'ailleurs ressortir le vert kaki de ses yeux. Magnifique ! Côté teint, on opte pour la fraîcheur et la luminosité. On sculpte son visage en délicatesse et on finit avec une bouche bois de rose mate. Car quand on fait un maquillage, il faut choisir : on marque soit la bouche, soit les yeux !

POUR LE TRAVAIL OU LES LOISIRS… UN MAQUILLAGE SIMPLE ET SUBLIME !

#SMOKYDEJOUR

1. Comme Emmanuelle a un joli teint, sans imperfections, inutile d'utiliser un fond de teint. On hydrate simplement avec un soin spécifique. Pour atténuer les éventuelles rougeurs et les cernes, on applique de l'anticernes avec un pinceau.

2. Une poudre compacte lumineuse, disposée sur la zone T, fixera la matière et atténuera les brillances.

3. Puis on réchauffe le teint avec une poudre bronzante. Pour être sûre de ne pas appliquer trop de produit, mieux vaut prélever la poudre une fois, puis tapoter le pinceau pour faire tomber l'excédent avant de se maquiller. Il faut appliquer la poudre en « 3 », c'est-à-dire sur le côté du front, puis en dessous de la pommette, et finir par l'ovale de la mâchoire. On termine par une touche de blush.

ESTOMPER SANS MASQUER

Si vous avez des taches de rousseur comme Emmanuelle, surtout ne les cachez pas avec de l'anticernes ! Appliquez une CC crème ou une BB crème à la texture légère, toute en transparence.

N'OUBLIEZ PAS LE HIGHLIGHTER !

Pour relever le teint et lui apporter la touche de lumière qui fait toute la différence, appliquez un soupçon de highlighter sur le haut de la pommette, le coin interne de l'œil et l'arc de Cupidon. Ayez le doigt léger : on ne cherche pas non plus à obtenir un effet trop brillant !

4

4. On redessine les sourcils avec un crayon à sourcils, toujours en hachurant pour un effet naturel. Il est très important de brosser le sourcil avant et après le passage du crayon : cela permet de mieux fondre la couleur.

5

5. Il est temps d'appliquer la base à paupières longue tenue sur toute la paupière mobile. C'est cela qui permettra au fard de durer toute la journée. Puis, avec un pinceau plat, appliquez un fard crémeux couleur taupe sur toute la paupière, en commençant par le milieu de l'œil puis en allant vers l'extérieur.

6. On fait un ras-de-cil supérieur avec un crayon noir gras.

7. Un petit pinceau sera parfait pour estomper la netteté du trait de crayon et donner à la base de la paupière un aspect charbonneux.

8. Pour intensifier la couleur, on pose un fard poudré couleur taupe par-dessus le fard crémeux. Il est ensuite important de le flouter au maximum sur toute la paupière mobile, en montant de l'extérieur vers le creux de l'œil, pour donner un résultat charbonneux. Puis on vient ajouter un peu de fard gris. Et on floute à nouveau.

9. Avec le reste de matière, on fait un ras-de-cil inférieur.

10. Avec une pelle à mascara pour plus de précision, on pose le mascara en zigzag sur les cils du haut et du bas. Celles qui n'ont pas les cils courbés peuvent utiliser un recourbe-cils.

11. Il ne reste plus qu'à maquiller les lèvres avec un rouge à lèvres couleur bois de rose de finition mate, puis à les hydrater avec un baume à lèvres.

Et voilà le résultat !

PERSONNALISER UN BASIQUE

Aux alentours de 25 ans, les Millennials entrent dans la vie active et s'autonomisent… Ils commencent à vouloir décorer et à personnaliser un peu plus leur intérieur. Leur pouvoir d'achat n'étant pas encore substantiel, ils se tournent souvent vers du mobilier de grande distribution. Son prix attractif, sa fonctionnalité sont ses principaux atouts. Mais on n'a pas toujours envie d'avoir la même décoration d'intérieur que son voisin…
La personnalisation est alors une bonne alternative pour obtenir un meuble original et tendance. Plusieurs marques proposent des solutions permettant de customiser son meuble.

MATÉRIEL

- Un caisson Ikéa Besta (60 x 20 x 38 cm)
- 1 porte Ikéa Lappviken (60 x 38 cm)
- 2 charnières Ikéa
- 1 façade Pretty Pegs « Arch Medium White » (60 x 38 cm)
- 4 pieds Pretty Pegs « Otto Vert d'Eau » (hauteur : 45 cm)
- 1 bouton de porte Pretty Pegs « Harry Vert d'eau »

OUTILS

- Tournevis cruciforme
- Perceuse

Coût approximatif : 150 €

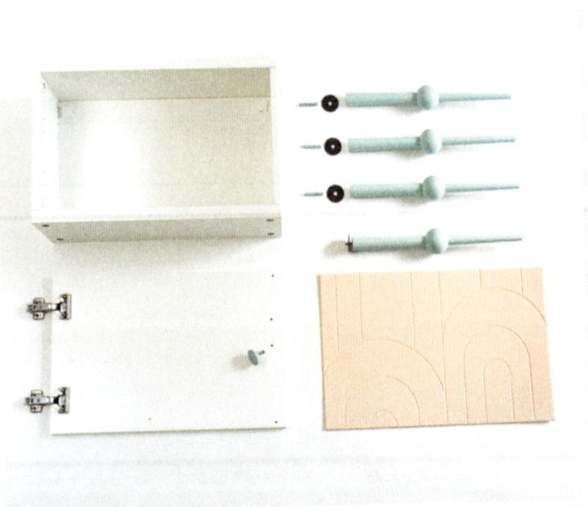

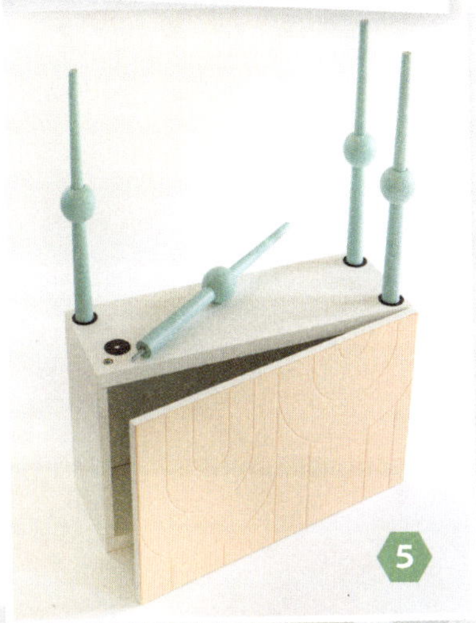

1. Montez le meuble Ikéa en vous conformant aux instructions de montage.

2. Fixez la porte Ikéa en utilisant les charnières fournies par le fabricant.

3. Décollez le film transparent sur l'envers de la façade Pretty Pegs.

4. Appliquez la façade sur la porte, en ajustant bien les bords. Appuyez pour coller la surface uniformément.

5. Montez les pieds customisés en suivant les instructions du fabricant.

6. À la perceuse, faites un trou dans la porte à l'emplacement du bouton de porte (diamètre légèrement inférieur à celui de la vis), puis fixez-le en suivant les instructions du fabricant.

À CHACUNE SA COIFFURE !

Les Millennials et leurs cheveux, c'est toute une affaire ! Voilà une génération qui cherche à tout prix à faire la preuve de son individualité avec des coupes originales (coucou, les cheveux arc-en-ciel !)... Mais attention aux faux pas ! Il est tout à fait possible de montrer qui vous êtes grâce à des coupes stylées et modernes. Comment faire ? Il s'agit d'abord de connaître la morphologie de votre visage et la nature de vos cheveux. C'est à partir de là qu'on peut imaginer des coupes féminines et actuelles, qui révèlent qui vous êtes – naturellement !

LES DIVERSES FORMES DE VISAGES APPELLENT DES COIFFURES DIFFÉRENTES

Un visage ovale peut se permettre n'importe quel type de coupe.

Sur un visage rond, il ne faut pas trop dégager votre visage. En revanche, un dégradé sur les côtés permettra de l'affiner. Évitez la frange et privilégiez le mouvement sur le côté avec une mèche.

Sur un visage rectangulaire, sachez qu'une mèche sur le côté féminise le visage.

Sur un visage carré, évitez les coupes carrées avec la raie au milieu. Le mouvement sur le côté avec une mèche adoucira vos traits.

Si vous avez un visage long, la raie au milieu ne vous flattera pas et les cheveux trop longs allongeront encore plus vos traits. L'idéal est de raccourcir vos cheveux en privilégiant le volume sur les côtés.

LA MATIÈRE DES CHEVEUX DÉTERMINE LES COIFFURES POSSIBLES

Si vos cheveux sont épais, évitez les coupes courtes qui peuvent vite devenir trop volumineuses.

Si vous avez des cheveux fins, évitez l'effilé, car cela appauvrit la matière. Évitez aussi les cheveux trop longs et privilégiez un carré dégradé, qui donnera du volume à vos cheveux.

Sur les cheveux raides, une coupe dégradée est préférable pour créer du volume sur les côtés.

Les cheveux frisés ou bouclés appellent toujours des coupes sur cheveux secs, car ce type de cheveux remonte en séchant. Évitez les coupes au carré, car celles-ci donnent un effet casque. L'idéal reste de dégrader les cheveux pour créer une forme plus arrondie, féminine.

41 %

des jeunes femmes Millennials **adorent leurs cheveux.**

59 %

souhaiteraient avoir **les cheveux d'une autre !**

63 %

ne souhaitent pas s'occuper de leurs cheveux plus de :

15

min/jour

Quand leurs cheveux ne sont pas présentables...

30 %

optent pour **un chignon.**

29 %

optent pour **une queue de cheval.**

10 %

optent pour **une tresse.**

POUR ÉVITER LES CATASTROPHES...

CHOISISSEZ

- **Assumez la nature de vos cheveux :** c'est ce qui vous va le mieux.
- **Ayez toujours une coupe moderne** qui s'accorde avec la morphologie de votre visage. Un bon coiffeur, c'est essentiel, et une bonne coupe vous donnera beaucoup d'allure.
- **Faites appel à un professionnel si vous aimez les colorations.**
- **En été**, protégez vos cheveux du soleil et de l'eau de mer avec des soins capillaires spécifiques.
- **Si vous avez les cheveux colorés,** utilisez un shampoing spécifique pour les colorations. Il existe aussi des shampoings qui peuvent raviver vos couleurs quand cela est nécessaire.
- **Si vous avez les cheveux secs,** utilisez des produits et des masques hydratants.
- **Si vous avez les cheveux gras,** lavez-les régulièrement avec un shampoing adapté. Le shampoing sec, c'est aussi très bien de façon occasionnelle !
- **Si vous avez les cheveux fins,** coiffez-les avec un produit coiffant spécial cheveux fins, qui les gainera. Il existe aussi une poudre coiffante qu'on applique à la racine et qui a le même résultat. Sans oublier le shampoing sec !
- **Si vous avez les cheveux bouclés,** pensez au sèche-cheveux à diffuseur.

FUYEZ

- **Les coupes asymétriques...** ça peut vous desservir.
- **Le carré trop plongeant.**
- **Les mèches trop contrastées,** ce n'est pas moderne.
- **L'idée de devenir blonde alors que vous êtes brune** et vice versa ! Cela n'ira pas avec votre teint !
- **La teinture des cheveux en noir corbeau.**
- **Le changement de couleur tous les mois,** cela ruine vos cheveux.
- **Les bouclettes sur cheveux fins :** ce n'est pas dans l'air du temps !
- **Les fers à lisser,** pour éviter de cramer vos cheveux.

schott

LES SOURCILS, C'EST IMPORTANT !

Je ne cesse de le répéter : **le sourcil est la coiffure de votre regard...**
Une forme de sourcil disgracieuse peut littéralement changer votre expression.
Voici donc mes conseils pour que vos sourcils soient au top !

Il existe des principes de base permettant d'obtenir un sourcil flatteur.

- Une bonne épilation doit rester au plus près du tracé naturel et respecter les points de repère pour un sourcil parfait.
- On épile toujours le poil vers le haut, non vers le bas.
- La pince à épiler est l'outil le plus adapté pour les sourcils. Bannissez les cires qui, à force, détendront la peau de vos paupières !
- L'épilation au fil est aussi une très bonne technique.
- Les épilations les plus réussies sont réalisées par un professionnel des sourcils.
- Pour les sourcils indisciplinés, il existe des fixateurs transparents spécial sourcils qui permettent de brosser vers le haut tout en fixant.
- Si vos sourcils sont clairsemés sur l'ensemble de la ligne, le fard et le crayon sont adaptés pour un rendu très naturel.

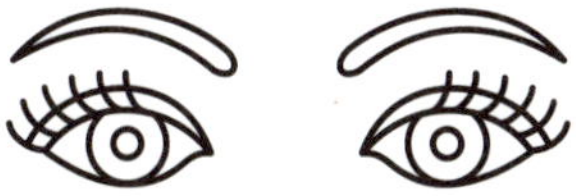

ATTENTION AUX FAUX PAS !

1

Si on affine trop le sourcil,
il s'éloigne trop de l'œil, la paupière
est agrandie et on perd le regard.

2

Les sourcils trop arrondis donnent
une expression d'étonnement.

3

Les sourcils trop vers le haut – c'est-à-dire
qui ont une forme droite et qui partent
en biais – durcissent le regard.

4

À l'inverse, des sourcils qui partent vers le bas
donnent une expression triste.

5

Les têtes carrées de sourcils... c'est trop artificiel !

6

Les sourcils tatoués ou micropigmentés...
c'est une catastrophe !

LE temps D'UN WEEK-END

POUR UNE
ESCAPADE
DOLCE
FARNIENTE...

Il n'y a rien de tel que quelques jours de dépaysement... C'est d'ailleurs l'une des premières choses qu'on aime faire lorsqu'on commence à gagner sa vie, n'est-ce pas ? Et comme en Europe tout est assez proche, pourquoi ne pas visiter une ville le temps d'un week-end ?

Pour deux jours de dolce farniente très stylé, j'ai décidé de composer un **look chic décontracté aux notes folk**. C'est le genre de tenue à la fois branchée et confortable qu'on peut reproduire pour arpenter n'importe quelle ville...

Le **jean délavé taille haute** et légèrement évasé allonge les jambes d'Emmanuelle tout en lui conférant de l'aisance. Le pull d'inspiration marinière, avec son bleu marine profond, s'accorde à ravir avec le teint de porcelaine de la jeune fille. Posée sur ses épaules, une veste en velours côtelé bordeaux complète le look. Les filles, notez bien cette astuce vestimentaire très prisée des fashionistas !

Bien sûr, **on réveille l'ensemble avec des accessoires branchés** : le chapeau à larges rebords et au passant précieux, le sac vert kaki frangé et la ceinture western. Sans oublier des bottines – confortables ! – imprimées python. Elles insufflent une touche rock à l'ensemble.

Pour la mise en beauté, on privilégie un teint bonne mine et on mise tout sur la bouche ! Le rouge à lèvres carmin, de finition mate, est parfait pour Emmanuelle.

Côté cheveux, je privilégie le naturel en travaillant l'ondulation des mèches pour un effet wavy.

ON PART EN VOYAGE !

Pour moi, voyager c'est comme respirer : indispensable !
C'est grâce aux voyages qu'on apprend l'ouverture d'esprit et l'humilité. On se rend compte qu'on n'est pas seuls au monde et cela permet de mettre son ego à sa juste place.

J'avais 17 ans quand je suis partie avec des amis faire un long voyage en Europe. Et cette expérience a été pour moi incroyable ! N'oubliez pas qu'à l'époque, les smartphones n'existaient pas et que voyager était une vraie aventure, loin de la famille.

Ce voyage fut le premier d'une série qui m'a transformée.

Chaque fois que j'arrive quelque part, je découvre l'autre, sa culture, ses idées, son monde – et c'est toujours une leçon de tolérance.

Je suis ravie de savoir que les Millennials aiment voyager et qu'aujourd'hui, cette pratique s'est démocratisée.

« RESTER, C'EST EXISTER.
MAIS **VOYAGER**, C'EST VIVRE. »

Gustave Nadaud

DANS MA VALISE

Je dois vous dire que je ne suis pas minimaliste quand je voyage... Bien au contraire ! J'ai tendance à mettre beaucoup de vêtements dans ma valise, car je prévois toujours des tenues pour toutes sortes d'occasions...

Quand je fais mes bagages, je me dis : et si je suis invitée à une fête ? Et si on part en balade ? Et si on va chez des amis ? Et s'il fait frisquet le soir ? Sans compter que j'apporte absolument TOUTES mes crèmes, ainsi que ma trousse de maquillage. Il y a aussi les chaussures : talons, baskets, sandales...
Bref, je voyage lourd !

VOYAGER EN AVION, C'EST ALLIER CONFORT ET STYLE

Certes, il faut voyager en étant confortable, mais en restant tout de même stylé ! Alors, voici quelques idées pour un look airport tendance !

- **Un pantalon confortable : par exemple, un jean coupe mom (avec un peu d'élasthane !) ou un beau jogging**
- **Une chemise en jean ou d'inspiration militaire, un t-shirt tendance, un sweat à capuche ou un pull en cachemire**
- **Une veste oversize ou un bomber**
- **Des chaussures plates stylées aux pieds ou des baskets Les talons, jamais !**
- **L'accessoire ultime : les lunettes de soleil**

Si vous faites un voyage long courrier, je vous conseille de penser à votre confort ET à votre hydratation. Ce sont les deux maîtres mots pour voyager en tout sérénité. Et puis, on ne se maquille pas, mais on s'hydrate à fond ! N'oubliez pas que l'air dans l'avion est à la fois sec et froid : une combo néfaste pour la peau. Alors qu'est-ce qui est indispensable dans votre bagage à main ?

- **Des chaussettes chaudes, en cachemire de préférence !**
- **Un pashmina**
- **Un baume pour les lèvres**
- **Une crème hydratante pour le visage et une pour les mains**
- **Un brumisateur**
- **De l'eau ! Pensez à boire !**
- **Un masque pour dormir**

VOYAGER AVEC UN MILLENNIAL…

J'ai beaucoup voyagé avec mon fils Enzo. On aime bien partir tous les deux !

Notre voyage le plus récent, c'était à New York. Nous avons tous les deux vécu là-bas : moi quand j'étais mannequin, et lui pour ses études. On était donc dans une logique de New Yorkers – revisitant des endroits qu'on aimait bien, mais aussi découvrant de nouvelles choses ensemble.

Bien sûr, il y a eu un moment chez Supreme où nous avons fait le plein de baskets et de casquettes – mais nous nous sommes surtout baladés. Nous avons marché dans les rues de cette ville incroyable, découvert des expositions, revu des amis, sommes allés à Broadway.

J'adore voyager avec mon fils car nous sommes sur la même longueur d'onde. Nous sommes curieux de tout et nous nous laissons guider par nos envies – très simplement.

MA PLAYLIST DE VOYAGE

What is Jazz **– Club des Belugas**

Space Cadet **– Metro Boomin x Gunna**

Mania de Peitão **– Seu Jorge**

Velha Infância **– Tribalistas**

At Last **– Beyoncé**

Tiki Suite Pt. 2 **– Mirando Al Mar**

La Rua Madureira **– Bon Entendeur x Nino Ferrer**

La Javanaise **– Serge Gainsbourg**

Fantasy **– Earth, Wind & Fire**

LES MILLENNIALS, UNE GÉNÉRATION QUI A LA BOUGEOTTE !

22 % veulent augmenter leur budget vacances pour vivre des expériences nouvelles.

66 % réservent leur voyage via leur smartphone.

97 % partagent leur expérience de voyage via les réseaux sociaux.

EN VACANCES,

86 % veulent découvrir une nouvelle culture.

44 % veulent faire la fête.

28 % veulent faire du shopping.

LA DÉCO BY CAROUCHE

LAMPES NOMADES

La lumière est un élément primordial dans la décoration d'un logement. Elle permet véritablement de structurer une pièce, de la rendre conviviale et chaleureuse. Il est donc essentiel de lui accorder une attention toute particulière !

Un principe important reste de **combiner intelligemment les sources lumineuses directes et indirectes,** en associant à l'éclairage principal des éclairages secondaires placés sur des meubles ou à même le sol.

Très souvent, le salon ou la salle à manger d'un appartement dispose d'une simple sortie électrique en plein milieu du plafond.

On pourra bien évidemment y installer une suspension ou un plafonnier. Mais il n'est pas toujours évident de trouver un luminaire dont la taille s'adapte parfaitement à la pièce, et ce type d'installation produit généralement une lumière qui se diffuse uniquement au centre de l'espace, délaissant les périphéries.

Il existe une solution alternative, peu onéreuse, chic et tendance… qui consiste à **fabriquer soi-même un lustre simplissime et décalé, à base de câbles électriques et d'ampoules.** Depuis quelque temps déjà, différentes marques proposent un large choix d'ampoules décoratives à filaments, des douilles esthétiques, des cordons électriques colorés et des rosaces. L'idée est donc de composer soi-même son décor de suspension à ampoules nues. En partant de la sortie électrique principale du plafond, on peut ainsi multiplier ses éclairages selon ses envies et ses besoins.

Je médite

LA PRATIQUE DU YOGA, BY **HEBERSON**

La méditation, c'est un des objectifs du yoga. Mais avant de méditer, on doit apprendre à se concentrer ! Une fois que l'on en est capable, on peut accéder à un état de conscience modifié et méditer. Car, pour le cerveau, la concentration est comme une sorte de musculation : plus on pratique, plus cela devient facile.

Heberson propose trois techniques simples et efficaces pour s'initier à la méditation. Surtout, dissipez l'idée que vous allez vous vider l'esprit. La nature a horreur du vide ! Vos pensées seront toujours là, mais dans ces exercices, vous allez occuper votre tête avec d'autres choses : la respiration, une image, un son... Choisissez la technique qui résonne le plus en vous.

1.

Se concentrer sur la respiration

Asseyez-vous dans une position stable et confortable, avec les jambes croisées.

Fermez les yeux, apaisez-vous intérieurement en vous concentrant sur votre respiration abdominale.
À chaque inspiration, imaginez le son *SO*, et lorsque que vous expirez, le son *HAM*.
Restez concentré sur l'exécution de l'exercice, sans analyser et sans réfléchir, en essayant ainsi de calmer vos pensées.

2.

Se concentrer sur une image

Asseyez-vous dans une position stable et confortable, avec les jambes croisées.

Fermez les yeux, apaisez-vous intérieurement en visualisant une flamme, par exemple, ou une fleur : utilisez en tout cas une image qui saisisse votre attention.
Puis concentrez toute votre attention sur cette image, sans analyser et sans réfléchir, en essayant ainsi de calmer vos pensées.

3.

Se concentrer sur un son

Asseyez-vous dans une position stable et confortable, avec les jambes croisées.

Fermez les yeux, apaisez-vous intérieurement en vous concentrant sur un son, le mantra *ÔM* (que vous devez répéter), ou sur n'importe quel son continu qui saisisse votre attention. Puis portez toute votre attention sur le son, sans analyser et sans réfléchir, en essayant ainsi de calmer vos pensées.

Quel que soit l'exercice, faites-le, pour commencer, pendant une minute, puis augmentez chaque jour la durée d'une minute.

Cela rend modeste de

voyager.

On voit quelle petite place on occupe dans le monde.

(Gustave Flaubert)

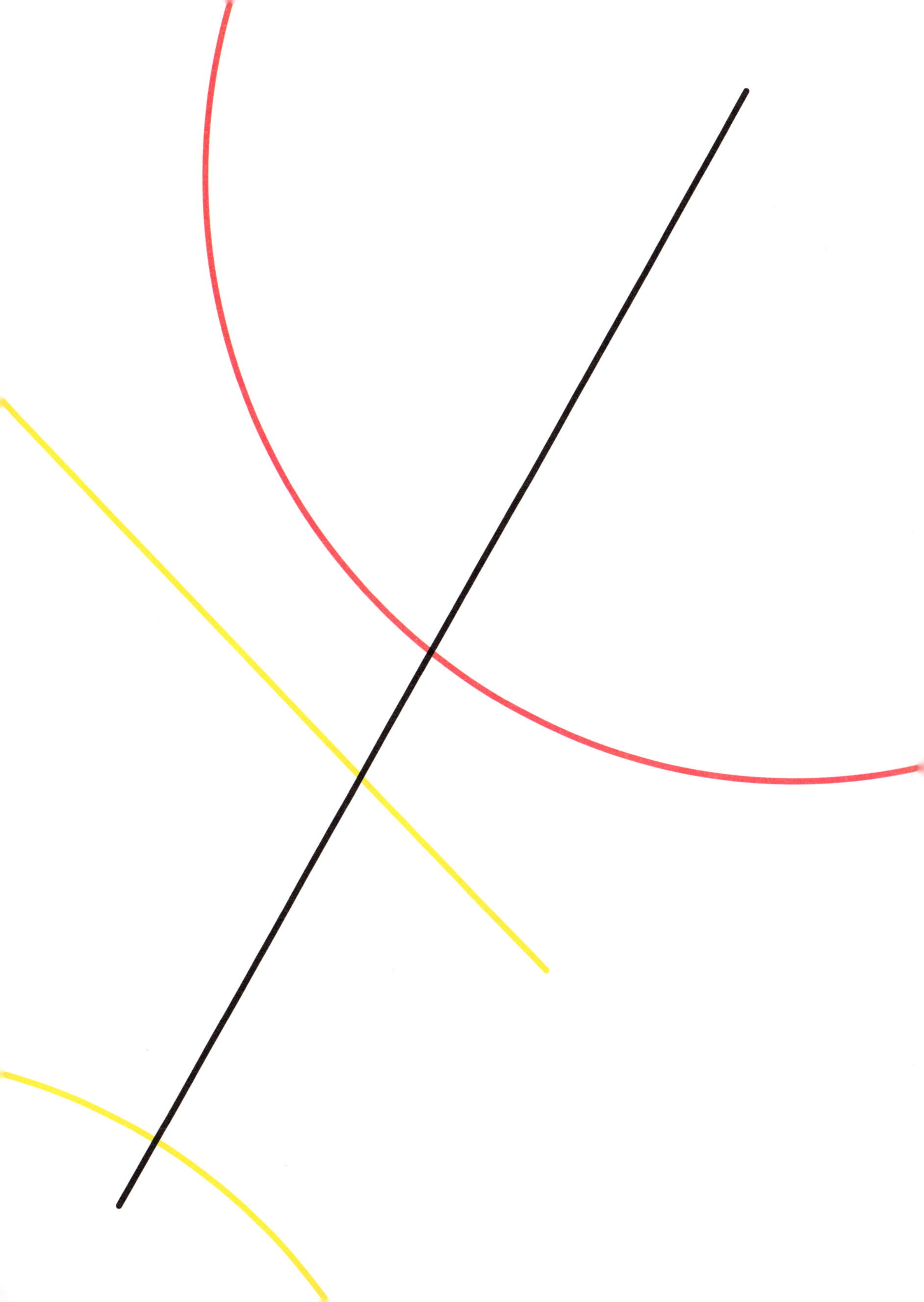

MON POISSON EN PAPILLOTE

Un dîner en amoureux, un déjeuner entre copines… cette recette est un de mes classiques et m'accompagne en toute occasion. Et je ne suis pas la seule à l'aimer !

POUR 2 PERSONNES
PRÉPARATION : 30 MIN
CUISSON : 50 MIN

Ingrédients

- 400 g de pommes de terre de Noirmoutier
- 2 pavés de saumon sauvage
- 10 tomates cerise
- 1/2 courgette
- 1 échalote
- 2 c. à soupe de câpres
- 5 branches de thym frais
- 2 branches de romarin frais
- 10 tiges de persil plat
- 10 tiges de ciboulette
- 4 filets d'huile d'olive
- Fleur de sel
- 1 c. à café de gros sel
- Poivre du moulin

1. Préchauffez le four à 180°C.

2. Lavez les pommes de terre à l'eau froide et brossez-les délicatement. Séchez-les rapidement puis découpez les plus grosses en deux. Déposez-les dans un plat à gratin, arrosez d'huile d'olive, puis parsemez de fleur de sel, de poivre du moulin et de thym frais. Enfournez pour 30 minutes de cuisson, puis réservez au chaud.

3. Découpez deux feuilles de papier sulfurisé et disposez-les dans un plat allant au four. Ajoutez les pavés de saumon au centre de chacune d'elles.

4. Rincez les tomates cerise puis coupez-les en deux. Épluchez l'échalote et émincez-la très finement au couteau. Parsemez sur les poissons puis ajoutez les demi-tomates cerise.

5. Lavez la courgette et réalisez des lamelles à l'aide d'un Économe. Ajoutez dans les préparations et parsemez généreusement de câpres. Arrosez d'un filet d'huile d'olive, salez, poivrez et déposez une branche de romarin dans chaque papillote.

6. Refermez-les soigneusement en insistant bien sur les bords. Enfournez pour 20 minutes.

7. Parsemez les pommes de terre d'un mélange de persil plat et de ciboulette ciselés. Servez sans attendre.

Pour un repas plus léger, remplacez les pommes de terre par une salade verte !

Jovial
Blagueur
Altruiste

ENZO

24 ANS

JEUNE DIPLÔMÉ EN FINANCE	FAN DE FOOT	BON VIVANT	SOCIABLE

IL VEUT

Trouver le juste équilibre entre vie professionnelle et loisirs. Bref, s'épanouir ! Enzo cherche un travail qui ait du sens, dans un domaine qu'il aime, pour pouvoir se dire tous les matins : « C'est stylé, ce que je fais ! »
Mais sa vie ne serait pas complète sans ses proches et, surtout, sans cette soif de sillonner le monde. Son aspiration profonde ? Connaître le mieux possible les autres et lui-même.

IL S'IMPLIQUE DANS

IL A BESOIN DE

- Ses proches
- Être utile
- Voyager
- Jouer au football

IL ADORE

Enzo adore les couchers de soleil : se poser face à l'immensité du ciel, se laisser bercer par une belle musique et les couleurs changeantes du soir.
C'est aussi un grand collectionneur de casquettes et de baskets... Il est au courant de toutes les nouvelles tendances.
Et il n'est pas à moitié brésilien pour rien ! Enzo a le football dans le sang. Il adore jouer au foot five avec ses amis et regarder les matchs. C'est une passion qui le porte.

POURQUOI LUI

Si j'ai souhaité faire ce livre sur les Millennials, c'est parce qu'Enzo appartient à cette génération et que je suis sa mère. Je peux parler d'expérience en quelque sorte...
On dit souvent que ce sont les enfants qui apprennent de leurs parents, mais je pense aussi qu'on a beaucoup à apprendre de la jeunesse. Je ne cesse d'ailleurs d'interroger mon fils à propos de tout ! Il m'apporte toujours de nouvelles perspectives et je m'enrichis beaucoup à son contact.
Ce livre est notre livre !

À CHACUN SON **LOOK**, À CHACUN SON **travail** !

IL FAUT ÊTRE IMPECCABLE POUR UN ENTRETIEN D'EMBAUCHE. CELA FAIT PARTIE DU CV EN QUELQUE SORTE...

Enzo a fini ses études en finance et cherche du travail dans le secteur du sport. Il est très sûr de son look, mais quand il me demande des conseils, je lui réponds toujours avec plaisir...
Et pour ses entretiens d'embauche, il m'a demandé mon opinion. Alors la voici !

Plusieurs études montrent que comme nous vivons dans une société où l'image est centrale, à compétences égales, **c'est le candidat qui aura le look le plus avenant qui décrochera le travail de ses rêves...** C'est injuste, peut-être, mais c'est ainsi !

Voici donc les conseils que je donne à Enzo pour qu'il soit au top lors de ses entretiens d'embauche.
Déjà, dissipons l'idée totalement fausse qu'il faut être vieillot pour avoir l'air crédible... Quantité de jeunes se déguisent avec des costumes mal coupés, dans des coloris ternes, et avec des chaussures de papy. C'est incroyable !

Non ! L'idée ici, c'est justement de mettre en avant sa jeunesse – qui est un atout de dynamisme et de modernité –, tout en passant le message de son professionnalisme et de son sérieux. Comme Enzo cherche dans le sport, **l'astuce, c'est de DÉ-CA-LER !**

On choisit des **pièces chics et intemporelles** comme la belle chemise blanche en popeline et le manteau masculin croisé, et on les associe à un pantalon de costume – **dans une belle matière** –, mais dans une coupe jogging pour apporter une touche décalée. C'est à la fois contemporain et élégant. Aux pieds, les baskets blanches insufflent de la décontraction.

C'est un look moderne, stylé, qui passe le message : sérieux, jeune, dynamique... dans l'air du temps !

La tentation du tatouage

Impossible de parler des Millennials sans aborder la question du tatouage… Toutes les études le montrent : cette génération est de loin la plus friande d'encre. Et pourquoi ? Non seulement à cause de célébrités qui ont démocratisé et rendu cool cette pratique – pensez à Rihanna ou encore à la top model Cara Delevingne –, mais surtout parce que les Millennials utilisent le tatouage pour exprimer leur identité, forger leur place dans le monde.

« JE ME TATOUE DONC JE SUIS »

Aujourd'hui, le tatouage est socialement accepté et n'est plus du tout synonyme de marginalité comme il a pu l'être par le passé.

Au contraire, le tatouage est devenu un **puissant langage d'affirmation de soi.** Alors que tout bouge, notamment à cause des avancées technologiques, il est important de s'ancrer, de trouver son identité propre, et le tatouage permet cela.

On voit d'ailleurs que certaines personnes n'hésitent pas à se recouvrir d'encre – et je suis toujours très impressionnée par leur côté jusqu'au-boutiste. Mais je pense que comme en tout, **il peut y avoir de l'excès.**

D'un point de vue strictement mode, trop de tatouages sur les bras rendent les bijoux invisibles et « cafouillent » les looks...

Qu'on me comprenne bien : ceux qui veulent recouvrir chaque millimètre de leur peau n'ont pas besoin d'écouter mes conseils. Ils ont déjà fait leur choix et c'est TANT MIEUX.

En revanche, pour ceux qui veulent se lancer, je pense qu'il est possible de donner quelques indications, quelques idées, pour qu'il n'y ait pas de regrets !

Alors, on y va ?

40 %

des Millennials ont au moins **1 tatouage**

QUELQUES PRÉCAUTIONS – ET QUESTIONS ! – AVANT DE SE FAIRE TATOUER

- **Pourquoi ai-je envie de me faire tatouer ?**
  Le faites-vous pour vous ou juste parce que vos amis le font ?

- **Est-ce que je suis assez mûr ?**
  Pensez à la signification de votre tatouage et posez-vous la question de savoir si cette image aura toujours de l'importance pour vous dans les années à venir... Il faut être sûr que vous ne changerez pas d'avis ! Vous pourriez par exemple regretter d'avoir tatoué le nom d'un copain... Je pense aussi que les tatouages à deux (le même tatouage que vous partagez avec un ami), ce n'est pas une très bonne idée...

- **Où placer le tatouage ?**
  Sachez qu'il existe des zones de votre corps qui sont plus sensibles (les extrémités comme les doigts et les pieds, derrière les oreilles, mais aussi la cheville, la poitrine, les côtes ainsi que la nuque) et, surtout, des zones qui se distendent avec le temps – le ventre notamment.

- **Quand faire un tatouage ?**
  La mi-saison, peu ensoleillée, est parfaite car il ne faut pas exposer un nouveau tatouage au soleil. En revanche, vous pouvez tout à fait le laisser cicatriser à l'air libre. Demandez conseil à votre tatoueur.

- **Est-ce que ma peau va le supporter ?**
  Consultez systématiquement votre dermatologue avant de faire un tatouage. Évitez de vous faire tatouer si vous avez des maladies de peau comme l'eczéma, le vitiligo ou le psoriasis... Elles peuvent se développer sur le tatouage !

- **Est-ce que le tatoueur est un pro ?**
  Assurez-vous que votre tatoueur a de vraies compétences artistiques, et, surtout, que tout son matériel est stérilisé pour ne pas attraper d'infections !

- **Attention !** Ne faites pas de tatouage quand vous êtes enceinte. Si vous avez une infection, vous ne pourrez pas prendre d'antibiotiques.

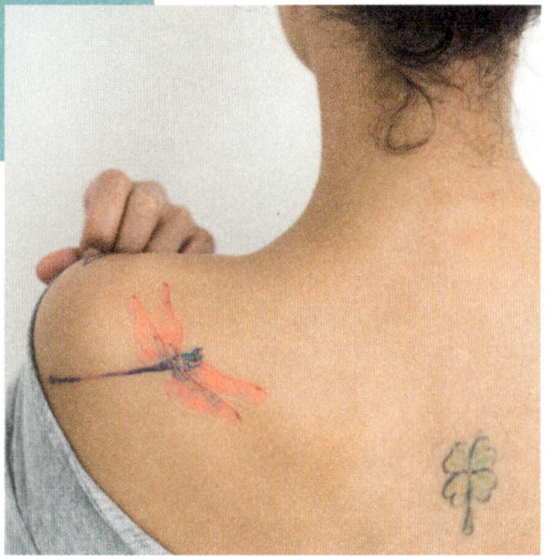

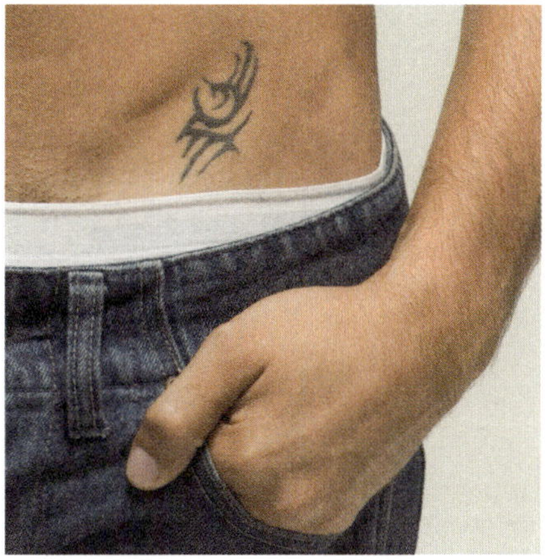

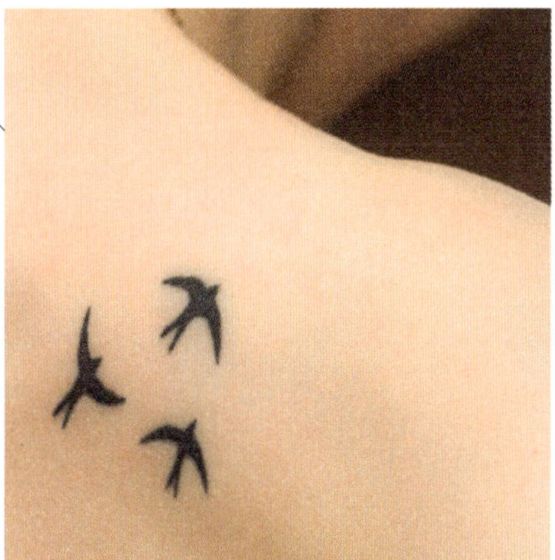

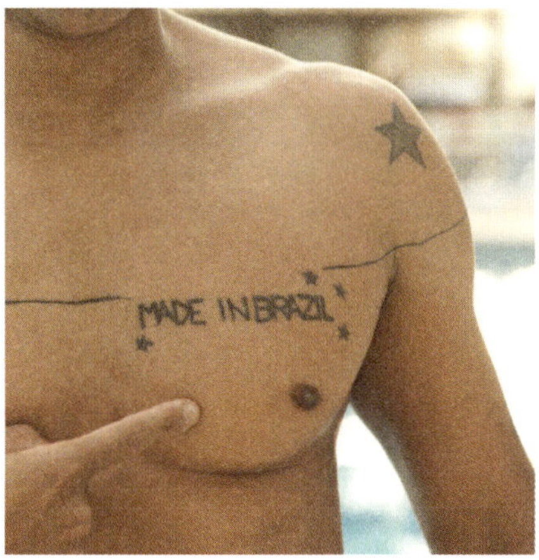
MADE IN BRAZIL

LES TATOUAGES INTEMPORELS

Il existe des tendances qui vont et viennent concernant le tatouage. Voici celles qui semblent persister et sont en passe de devenir intemporelles.

- **Les single lines** (des tatouages faits d'une seule ligne)
- **Les minimalistes**
- **Les géométriques**
- **Les microtatouages**
- **Les tatouages aquarelle**

20 %

des Français âgés de plus de 18 ans sont ou ont été tatoués.

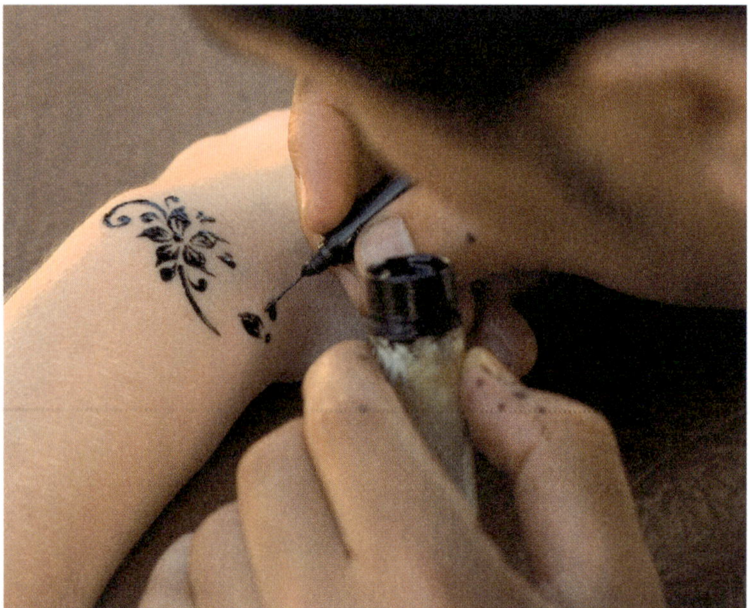

UN CONSEIL ?

Avant de vous lancer dans un tatouage définitif, tentez les tatouages éphémères, qui vous permettront de tester plusieurs modèles et vous aideront surtout à mettre votre motivation à l'épreuve.

DITES-MOI OÙ VOUS VOULEZ VOUS TATOUER ET JE VOUS DIRAI QUI VOUS ÊTES...

SUR LA MAIN OU LE POIGNET

C'est un endroit visible, vous n'avez donc pas peur d'être vu ! Vos tatouages sont d'ailleurs comme des bijoux pour vous.

SUR L'ÉPAULE, LE BRAS OU L'AVANT-BRAS

Ce sont des zones qui sont en rapport avec l'autre. Se faire tatouer sur les bras reviendrait à s'affirmer face à l'autre, montrer qui on est et ce qui nous plaît.

SUR LA NUQUE OU DERRIÈRE L'OREILLE

C'est une zone qu'on ne voit pas soi-même. C'est donc une invitation à se faire connaître – mais de manière subtile. Avec un tatouage à la fois discret et visible, vous aimez entretenir le mystère et charmer les autres.

SUR LE DOS

Ceux qui veulent se faire tatouer le dos, la plus grande zone lisse du corps, sont des esthètes. Ils voient les choses en grand !

SUR LA CUISSE OU LE MOLLET

Ces parties du corps présentent un paradoxe : on peut se permettre de faire des tatouages conséquents, mais qui peuvent être facilement cachés. Vous êtes quelqu'un qui cache bien son jeu !

SUR LE PIED OU LA CHEVILLE

Vous êtes sensuel ! Ce sont des zones où l'on privilégie des tatouages délicats.

SUR LE VISAGE

Le seul endroit qui reste connoté « marginal » pour l'emplacement d'un tatouage. Très lié aux gangs et à la rébellion.

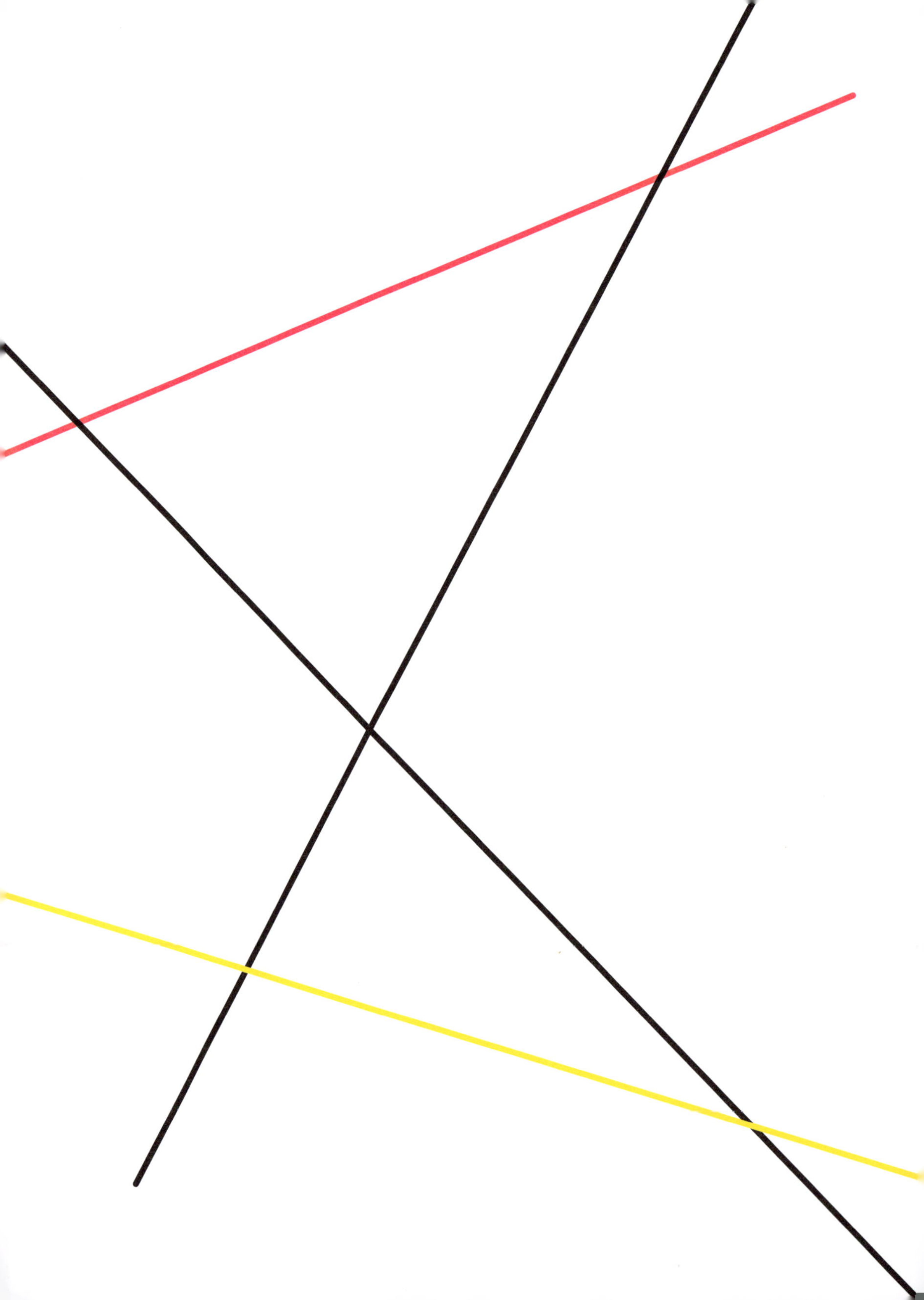

Ce qu'on te reproche,
cultive-le.

C'est toi.

(Jean Cocteau)

X

L'ART, C'EST LA VIE

Dissipons tout de suite une idée fausse… Penser qu'Internet a éloigné les Millennials de l'art est une erreur ! Bien au contraire, grâce aux réseaux sociaux, la génération Y est tout aussi intéressée par cet univers que les précédentes.

Via Instagram, Facebook, Pinterest ou tout simplement dans les rues (merci le street art et ses artistes !), **les Millennials entretiennent un rapport quotidien avec les artistes qu'ils aiment.** Sans oublier qu'ils peuvent partager leurs coups de cœur – musicaux ou visuels – avec le monde entier en quelques secondes, via leur smartphone…

J'ai grandi entourée d'expressions artistiques – ma mère était critique d'art –, et voir cette nouvelle génération si friande de musique et d'art visuel me remplit d'espoir. **Je pense que la culture ne doit pas être un luxe, mais quelque chose d'accessible, de naturel, d'omniprésent dans la vie des gens.**

En faisant ce livre, j'ai pu constater que, **pour les Millennials, l'art est une extension de leur identité.** Je trouve ça génial !

Et comme les Millennials sont très demandeurs, on assiste à une démocratisation de l'art, avec des sites qui vendent des prints à petits prix. Tout un chacun peut maintenant avoir une œuvre chez soi… et faire entrer l'art dans sa vie !

4/5e

des Millennials affirment que **l'art est important pour eux.**

65 %

des Millennials achètent de l'art avec l'intention de faire **partager leurs trouvailles sur les réseaux** (*vs* 25 % des baby-boomers).

78 %

des Millennials ont acheté des œuvres d'art **via le web**.

79 %

des Millennials disent que **les médias sociaux leur permettent d'interagir avec l'art** (*vs* 37 % des baby-boomers).

L'ART… J'ACHÈTE !

Des prints à tout petits prix aux œuvres uniques d'artistes émergeants… voici les sites incontournables pour acquérir des œuvres d'art !

–› **Society6**
–› **Redbubble**
–› **Artsy**
–› **Kazoart**

FANS ABSOLUS DE STREET ART…

Voici une application géniale pour dénicher des œuvres partout dans le monde :

–› **Street Art Cities**
La particularité de cette application, c'est que vous pouvez aussi poster des œuvres que vous croisez dans les rues. Plus de 15 000 ont déjà été recensées dans 66 pays !

ATTENTION, @ À SUIVRE…

Sur Instagram, voici des artistes, galeries et musées à ne pas perdre de vue :

–› **@jr**
–› **@osgemeos**
–› **@banksy**
–› **@museepicassoparis**
–› **@fondationlv**
–› **@themuseumofmodernart**
–› **@obeygiant**
–› **@emmanuelperrotin**

Petite mention spéciale au festival d'Avignon, pour les fans de spectacle vivant !

ET LA MUSIQUE ?

Écouter sa musique avec son smartphone, c'est sympa, mais il n'y a rien de tel qu'un bon festival pour apprécier la musique – et partager des super moments avec ses amis (réels ou virtuels !).
Voici une liste de festivals à avoir dans son radar :

–› **Coachella** (Los Angeles)
–› **Lollapalooza** (Chicago)
–› **Burning Man** (Nevada)
–› **Tomorrowland** (Boom, en Belgique)
–› **Wireless** (Londres)
–› **Sonar** (Barcelone)
–› **Solidays** (Paris)
–› **Eurockéennes** (Belfort)
–› **Jazz à Juan** (Juan-les-Pins)
–› **Montreux Jazz Festival** (Montreux, en Suisse)

ET SI ON **SIROTAIT** LA VIE SUR UN **rooftop** ?

Dans les grandes villes, certains bars et restaurants ont pris de la hauteur pour se nicher sur les toits. Quand le beau temps s'installe, ces rooftops fleurissent et deviennent incontournables.
Alors, pour siroter la vie avec vue sur la ville, j'ai proposé à Enzo ce look urbain chic décontracté, aux nuances bleutées.

Le blouson denim est dans un esprit Aviator avec son col imposant en peau lainée blanche. C'est le genre de veste qui **structure le haut de la silhouette**, une pièce résolument masculine, parfaite pour la vie de tous les jours.
En dessous, Enzo porte une chemise bleu ciel avec un imprimé discret à pois.

UN LOOK URBAIN ET MASCULIN, TOUT EN SUBTILITÉ…

Le pantalon en jean – d'un ton plus clair que la veste – est un denim délavé. Il est retroussé au niveau des chevilles pour plus de style. Les différentes nuances de bleu créent ainsi un joli camaïeu.

Les **baskets flashy** sont aussi mises en valeur ! Ces Nike – dans un esprit rétro années 1980 – sont super tendance ! Elles apportent d'ailleurs la **touche de couleur** qui vient réveiller l'ensemble et lui conférer de la modernité.

Et notez bien : Enzo porte des chaussettes basses. **On voit ses chevilles** et c'est ça qui est moderne.

Et puis, bien sûr, un look masculin ne serait pas complet sans les petits détails qui font toute la différence : la belle montre en acier brossé et les lunettes de soleil sont incontournables et donnent une finition chic à l'ensemble.

C'est un look tout en subtilité, facile à composer et intemporel… **Magnifaïk !**

Faites des

bêtises,

mais faites-les

avec enthousiasme !

(Colette)

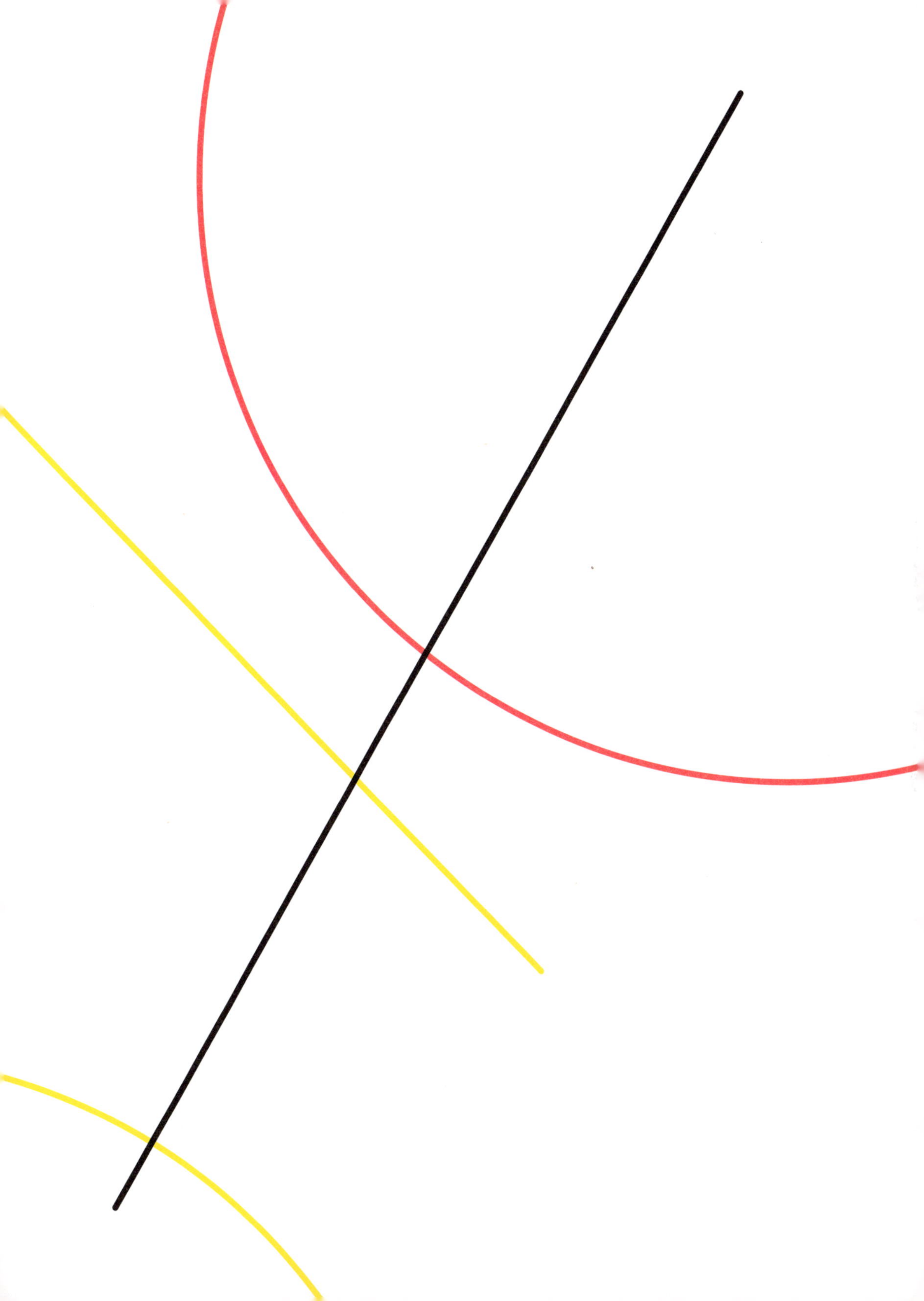

Dynamique
Passionnée
Un peu folle

MONICA

32 ANS

MAKE-UP ARTIST	DIRECTRICE ARTISTIQUE	CARPE DIEM	INDÉPENDANTE

ELLE VEUT

Monica aimerait qu'il y ait plus d'amour dans le monde…
Elle ne rechignerait pas à l'idée d'avoir une maison sur chaque continent pour pouvoir voyager et être chez elle partout.
Inlassablement, elle essaie de rendre le monde plus beau, et c'est pour ça qu'elle s'investit dans des associations qui aident les femmes – souvent des mères célibataires à petits revenus – à se refaire une beauté. C'est admirable !

ELLE S'IMPLIQUE DANS

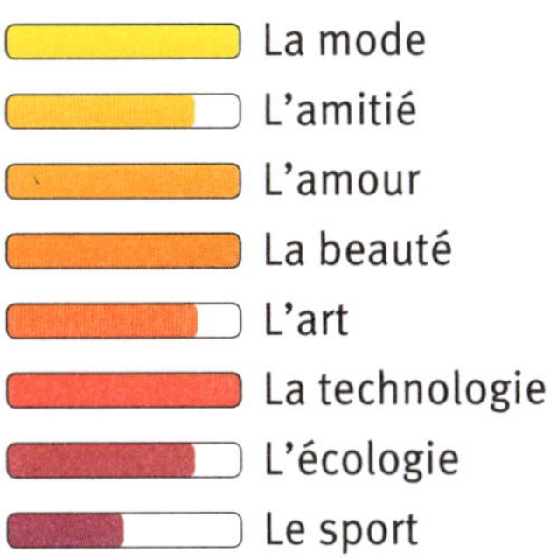

ELLE A BESOIN DE

- Musique
- Bien manger, bien boire
- Sa famille et ses amis
- Se fixer des objectifs à atteindre

ELLE ADORE

Danser : le mouvement la libère de ses angoisses.
Nager : le contact avec l'eau lui procure énormément de calme.
Et surtout, elle adore voir le regard scintillant des gens qui ont confiance en eux. Participer à leur épanouissement lui fait un bien fou. Elle est « sublaïme » !

POURQUOI ELLE

Quand on demande à Monica de se définir, ce qui ressort c'est « follement passionnée ». C'est en effet ce qui me vient en tête quand je pense à cette make-up artist, dynamique et talentueuse, avec qui je collabore depuis des années !
Monica aime tout ce qui touche à la création : qu'elle soit liée au maquillage, à la musique, à la danse… Et comme je travaille avec elle, son sourire solaire et son énergie contagieuse restent gravés dans mon cœur. Je l'adore !

VITE ! UN LOOK **stylé** POUR « WORK, WORK, **WORK** » !

PÉTILLANTE ET TOUJOURS AU TOP…

CAT

Monica vit à mille à l'heure ! Cette make-up artist indépendante jongle entre plusieurs missions : un maquillage de star un jour, un shooting mode le lendemain, un avion à prendre pour un festival le surlendemain... Elle n'arrête pas ! C'est pour cela que je lui ai proposé un **look à la fois confortable et stylé**.

Dans le milieu de la mode, et plus particulièrement dans le maquillage, le noir est souvent de mise. C'est l'uniforme du créatif en quelque sorte. Mais ce n'est pas pour cela que le look doit être tristounet et sans fantaisie, au contraire !

Ici, la base du look – le trench et le pantalon de jogging – est noire. Les clous des manches du trench insufflent une **note rock à la silhouette**, tandis que le jogging, avec ses bandes latérales, apporte la touche street.

Pour réveiller tout ça, j'ai ajouté un haut fluide orange fluo. Le col échancré est idéal pour la poitrine généreuse de Monica : il dégage son cou avec grâce et féminité. Et on n'oublie pas le collier coloré !

Niveau chaussures, le mot d'ordre c'est le confort ! Monica reste debout la majeure partie du temps ? Il lui faut absolument ces **boots noir et blanc** qui me rappellent un peu l'univers ludique de l'artiste Keith Haring.

Pour la mise en beauté, Monica a opté pour un teint zéro défaut et un gloss qui met ses lèvres en valeur. Tout est travaillé, mais de façon naturelle. Et puis, j'adore sa coloration : le violet va très bien avec sa personnalité ! Alors Monica, prête pour aller... « work, work, work » ?

TUTO MAKE-UP

UN MAQUILLAGE LUMINEUX POUR UNE PEAU NOIRE

Envie d'avoir un teint zéro défaut et lumineux ? Alors ce type de maquillage est fait pour vous. La technique qui suit est devenue un incontournable du maquillage, car elle permet de camoufler les petites imperfections tout en insufflant de l'éclat à votre carnation. Elle est parfaite pour celles qui aiment le naturel et qui veulent un look pour la vie de tous les jours... Comme Monica est une make-up artist en mouvement, on s'est dit que vous montrer comment réaliser un maquillage tout en subtilités sur une peau noire pourrait être une très bonne idée.
Vous êtes prête ? À vos pinceaux !

CHAQUE CARNATION A SES PARTICULARITÉS... QU'IL FAUT APPRENDRE À APPRIVOISER.

#CHICETCHOC

1. Après avoir appliqué un sérum hydratant, plus léger qu'une crème hydratante, on utilise un fond de teint fluide, de la couleur de la carnation.

1

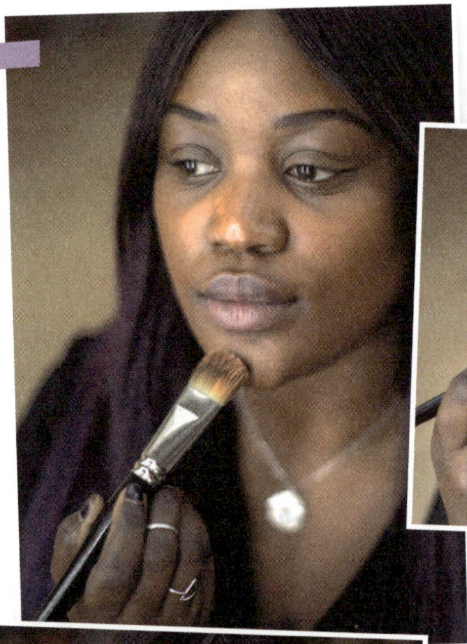

ZONE TEST

Pour tester la bonne couleur d'un fond de teint, l'idéal est de l'appliquer sur la mâchoire inférieure. Jamais sur les mains ou les avant-bras, car la nuance de la carnation n'y est presque jamais identique à celle du visage. Par ailleurs, faire un test sur cette zone permet de vérifier immédiatement qu'il n'y a pas trop de différence de teinte entre le visage et le cou.

2

2. L'idéal est d'utiliser, sur les cernes et les imperfections, un anticernes dont la teinte sera d'un ton en dessous de celui de la carnation...

3

3. ... Puis, par-dessus, un anticernes de la couleur de la carnation pour un fini naturel.

4

4. On applique une poudre jaune pour matifier. Afin de garder un effet frais, on privilégie la zone T.

5. Pour réchauffer le reste du visage, on choisit un blush poudré couleur framboise.

5

6. Pour intensifier les sourcils, on dessine d'abord la ligne avec un crayon, puis on unifie avec un mascara à sourcils.

6

7

7. Avec un crayon jumbo, il est temps d'appliquer une couleur marron glacé sur toute la paupière mobile. Il faut ensuite flouter au pinceau en montant vers le coin de l'œil.

8

8. Pour apporter de la lumière à un regard, rien de tel qu'un highlighter sur le coin interne de l'œil ! On peut aussi ajouter une légère ligne sous le sourcil, sur la moitié extérieure.

9

9. Pour ouvrir davantage le regard, il peut être utile de mettre deux types de mascara sur les cils supérieurs et inférieurs : un mascara allongeant pour étirer les cils, puis un second mascara pour densifier.

10

10. On termine le maquillage
avec un crayon à lèvres couleur framboise,
un rouge à lèvres de la même teinte
et du gloss.

C'est fini !

À CHACUNE SA CARNATION

Les peaux noires et métisses ont leurs particularités. Notamment dans les régions de climat tempéré, ces types de peau ont tendance à se déshydrater rapidement. En réaction, le derme produit du sébum, et c'est pour cela que la peau du visage devient alors à la fois très sèche (par manque d'eau) et grasse (par excès de sébum). Avant le maquillage, il est donc nécessaire d'appliquer une crème de jour séborégulatrice (disponible en pharmacie), puis une base matifiante qu'on applique sur la zone T du visage et qui sécurise la matité du maquillage. On utilise dans tous les cas des fonds de teint à finition mate.

La beauté commence
au moment où
vous décidez d'être

vous-
même.

(Coco Chanel)

Je muscle mon corps

JAMBES ET FESSIERS

Le yoga permet de dessiner la musculature sans la gonfler, car vous travaillez les muscles en profondeur tout en vous assouplissant. Sans parler des bienfaits pour votre équilibre, vos articulations et vos tendons.

1.

Commencez par la posture de la chaise.

....

Avec les pieds et les genoux joints, fléchissez les genoux. Ramenez les fessiers en arrière et étirez les bras vers le haut et devant vous, dans l'alignement de vos épaules et de votre dos.

....

Il est important de contracter l'abdomen ainsi que les fessiers, et vous sentirez ainsi que votre bassin est bien placé. Vos genoux doivent être à la verticale de vos chevilles et joints.

....

30 secondes

2.

Passez à la position de la fente debout avec le pied gauche en avant.

....

Pour cela, écartez les pieds d'environ 1 mètre en avançant votre pied gauche, puis pliez le genou gauche en le gardant à la verticale de votre cheville gauche. Soulevez le talon droit du sol tout en étirant votre dos.

....

Contractez l'abdomen ainsi que les fessiers, et vous sentirez ainsi que votre bassin est bien placé.

....

Puis ramenez vos mains jointes devant la poitrine.

....

30 secondes

3.

Enchaînez avec la posture du guerrier 2.

....

En gardant toujours votre genou gauche plié, appuyez votre talon droit par terre. Tendez les bras de chaque côté de votre corps en gardant l'alignement avec vos épaules, puis tournez votre tête à gauche.

....

Rentrez le ventre (aspirez le nombril), contractez les fessiers et étirez le dos.

....

30 secondes

4.

Passez ensuite à la posture pieds écartés.

....

Vos pieds doivent être distants d'environ 1 mètre, et placés à « 10 h 10 », les orteils légèrement vers l'extérieur.

....

Fléchissez les genoux en les ouvrant vers l'extérieur, mais en les conservant toujours à la verticale de vos chevilles. Étirez bien le dos et ramenez vos mains jointes devant la poitrine.

....

30 secondes

5.

Enchaînez avec la posture de la fente debout.

....

Mais cette fois-ci pliez le genou droit et soulevez le talon gauche.

....

30 secondes

6.

Passez à la posture du guerrier 2.

....

Maintenez le genou droit plié, les bras étirés, tandis que la tête tourne à droite.

....

30 secondes

7.

Ramenez le pied gauche à côté du pied droit.

....

Vous terminez ainsi par la posture de la chaise.

....

30 secondes

« ON INSPIRE, ON EXPIRE, ON PRATIQUE LA PAIX, ET ON REVIENT CHEZ SOI, DANS SA VRAIE DEMEURE, DANS L'ICI ET LE MAINTENANT. »

Thich Nhat Hanh

DOS FORT ET ABDOS PLATS

L'idée est de vous muscler, mais surtout ne forcez pas. Prenez cette pratique aussi comme un temps pour écouter votre corps. Vous allez vous améliorer et évoluer progressivement, en respectant votre rythme. Vous devez terminer votre pratique de yoga détendu avec beaucoup d'énergie et de liberté d'esprit !

1.

Mettez-vous dans la posture de la planche avec les mains posées au sol dans l'alignement de vos épaules. Votre abdomen doit être contracté, ainsi que les muscles fessiers. N'oubliez pas de garder vos pieds joints.

....

Respirez profondément et restez dans cette posture.

....

30 secondes

2.

Passez à la planche latérale. Pour cela, appuyez-vous sur la main droite, tournez le buste en étirant le bras gauche vers le ciel. N'oubliez pas de soulever le plus possible votre bassin vers le haut. Et gardez toujours votre abdomen ainsi que vos fessiers contractés.

....

30 secondes

3.

Expirez puis faites le même exercice de l'autre côté.

....

30 secondes

4.

Allongez-vous ensuite sur le ventre et étirez votre corps, en levant vos jambes ainsi que votre poitrine et votre tête. Puis enlacez vos mains derrière votre dos en étirant les bras.

....

30 secondes

5.

Expirez et allongez-vous cette fois-ci sur le dos. Pliez vos genoux devant votre poitrine. Expirez, puis rentrez l'abdomen, levez la poitrine et dirigez le front vers les genoux. Si possible, essayez de poser le front sur les genoux, sans forcer sur votre cou.

....

30 secondes

6.

Allongez-vous, étirez vos jambes et asseyez-vous en contractant la musculature abdominale, puis faites la posture du bateau. Pour cela, posez vos mains de chaque côté de votre bassin, étirez les jambes devant vous, inclinez le buste à 45°. Levez ensuite vos jambes jusqu'à atteindre un angle de 90° entre les cuisses et l'abdomen.

....

Il est important ici de garder le périnée et l'abdomen contractés. Si la posture est trop difficile pour vous à ce stade, pliez les genoux.

....

30 secondes

LA DÉCO BY CAROUCHE

MODERNISER UN MEUBLE VINTAGE

Aux alentours de la trentaine, lorsque le pouvoir d'achat commence à grimper, quel plaisir de flâner et de chiner dans les brocantes et les vide-greniers pour dénicher la perle rare – notre madeleine de Proust en quelque sorte ! Les dimensions et le style du meuble nous plaisent, mais bien souvent celui-ci a vécu, il peut être abîmé et, surtout, d'aspect vieillot et peu flatteur. Pourquoi ne pas lui donner un nouveau look et une seconde vie grâce à des couleurs actuelles et de la quincaillerie moderne ?

MATÉRIEL

- 0,5 l de peinture d'accrochage blanche pour bois
- 0,5 l de peinture foncée pour l'extérieur du meuble
- 0,5 l de peinture de couleur vive pour l'intérieur du meuble
- Scotch de masquage
- Papier à poncer n° 80
- 2 poignées de porte et leurs vis
- Éventuellement 1 ou 2 aimants de porte (en fonction du système de fermeture du meuble)

OUTILS

- Tournevis cruciforme
- Perceuse

Coût approximatif : 50 €
(hors achat du meuble)

1. Démontez la quincaillerie existante sur les portes.

2. Poncez légèrement toutes les surfaces du bois.

3. Appliquez la peinture d'accrochage sur l'ensemble du meuble.

4. Peignez l'extérieur du meuble avec la couleur sombre.

5. Peignez l'intérieur du meuble avec la couleur vive.

6. Fixez les poignées de porte.

PRENDRE SOIN DE SA PEAU

Je le répète souvent : **une belle peau, c'est essentiel !** C'est de là que tout part. Que ce soit pour le visage ou le corps, c'est la base de la beauté. Imaginez que votre peau est comme la toile du peintre : il faut qu'elle soit impeccable avant de « peindre dessus ». D'ailleurs, je préfère de loin une peau soignée que des couches et des couches de maquillage qui cachent – mal – la misère... Je sais que je nage à contre-courant à une époque où beaucoup d'« influenceuses » en font des tonnes, mais en matière de beauté, c'est souvent un rien qui fait toute la différence. **C'est la santé de votre peau qui compte le plus...**

L'HYDRATATION EST PRIMORDIALE AVANT LE MAQUILLAGE

- Si votre peau est mal hydratée, le fond de teint formera des plaques.
- Si vous utilisez une crème trop grasse sur une peau qui n'en a pas besoin, le maquillage sera trop brillant, comme si vous transpiriez. En plus, ça bouche les pores de la peau !
- **Un baume à lèvres est très important pour la tenue de votre rouge à lèvres...** En effet, aucune crème de jour n'est suffisante pour hydrater vos lèvres, qui ont besoin de beaucoup plus d'apports en eau et en gras que le visage ! Si vous avez des lèvres trop sèches, avec des peaux mortes, n'oubliez pas de faire des gommages.

#GLOW

SE MAQUILLER, C'EST METTRE EN VALEUR VOS ATOUTS NATURELS. SURTOUT, NE VOUS TARTINEZ PAS !

AU QUOTIDIEN, LES BONS GESTES...

- Nettoyez votre peau matin et soir avec un savon spécifique pour le visage.

- Si vous êtes maquillée, n'oubliez pas de vous démaquiller avec une eau micellaire ou un lait démaquillant. Puis lavez votre visage avec un savon spécifique.

- Je ne le vous dirai jamais assez : l'hydratation de votre peau est essentielle ! Appliquez consciencieusement sur le visage et le cou – matin et soir – une crème hydratante spécifique, adaptée à votre peau, ainsi qu'une crème hydratante pour le contour des yeux.

- Si vous avez plus de 28 ans, une crème antirides pour le visage ainsi qu'une crème antirides contour des yeux, c'est très important. Mais n'oubliez pas : avant la crème, appliquez un sérum spécifique à votre peau. Il aura une action à la fois hydratante et liftante.

QUELLE HYDRATATION POUR MA PEAU ?

- Si vous avez une peau déshydratée, choisissez une crème hydratante riche en eau.

- Si vous avez une peau très sèche, ce qu'il vous faut, c'est une crème nourrissante (riche en corps gras).

- Si vous avez une peau mixte à grasse, la crème matifiante reste l'idéal car elle régule légèrement la brillance de la peau.

- Si vous avez de l'acné, n'hésitez pas à consulter un dermatologue. Il saura vous indiquer un traitement efficace et rapide pour votre problème.

- Buvez 1,5 l d'eau par jour.

LE WEEK-END… JE CHOUCHOUTE MA PEAU !

–› **Si vous voulez une peau satinée, lisse,** saine et éclatante, faites un gommage du visage.

–› **Faites un masque pour le visage** (hydratant, purifiant, liftant, etc.). C'est essentiel pour avoir une peau bien oxygénée et sans cellules mortes.

LES ERREURS À ÉVITER

–› **Ne pressez pas vos boutons !** C'est interdit, mieux vaut un produit qui pourra les sécher.

–› **Ne vous cramez pas au soleil !** Utilisez toujours une protection solaire.

–› **Dormir maquillée, c'est la « cata »** pour le grain de peau… Il faut laisser respirer le derme.

ET LE CORPS ?

–› **Utilisez un savon surgras :** il n'agressera pas votre peau.

–› **Après la douche, hydratez** systématiquement votre corps avec un lait hydratant.

–› **Le gommage est essentiel pour éliminer les cellules mortes :** faites-le 1 fois par semaine.

POUR briller DE MILLE feux...

LE GLAM
AU BORD DE L'EAU...
« EN TOUTE SIMPLICITÉ »

En journée, on veut être à l'aise et stylée pour courir dans tous les sens... Mais le soir ? On veut de la **sophistication**, du **sexy**, du **glam** ! Et Monica se prête très bien à l'exercice, car elle ne fait pas les choses à moitié. Elle est toujours très bien habillée lorsqu'elle sort et elle aime les tenues sexy.

D'où mon envie de lui proposer **une robe longue qui mette en avant sa féminité**. Lors des essayages, je suis tombée amoureuse de la couleur jaune citron fluo de cette longue robe fluide... Le contraste entre cette couleur électrique et la peau de Monica est tout simplement sublime !

Elle-même a été agréablement surprise aussi, car jamais auparavant elle n'avait essayé cette couleur. Les filles, il faut parfois **sortir de votre zone de confort** et **oser des couleurs !** Vous trouverez certainement des teintes inattendues qui vous mettrons en valeur ! En tout cas, depuis ce shooting, Monica m'a bien confirmé qu'elle osera davantage ce genre de nuance.
J'adore d'ailleurs le fait que cette longue robe en soie soit boutonnée, car en déboutonnant le bas, on révèle les jambes de déesse de Monica. Perchée sur des escarpins iridescents, elle est à tomber !

Pour la mise en beauté, on a choisi de **tout miser sur la bouche**. Comme Monica a la peau noire, elle peut se permettre une teinte violette, qui lui va à ravir. Le violet s'accorde par ailleurs à merveille avec le jaune citron de la robe. Le reste du teint est travaillé en transparence pour la bonne mine, et voilà ! Le tour est joué.

L'ART DU SELFIE

C'est une évidence : **on vit à l'époque du selfie…** Car dès que l'on a un téléphone sur soi, la tentation de se prendre en photo est grande ! Mais contrairement à ce que l'on pourrait croire, le selfie n'est pas un phénomène récent. L'envie de se prendre en photo remonte au tout début de la photographie : 1839 pour être exacte. La curiosité que nous avons pour notre propre image ne date pas d'hier… La preuve !

1839
Robert Cornelius prend le premier selfie connu.

1914
La grande duchesse russe Anastasia Nikolaïevna, alors adolescente, réalise le premier selfie de jeune (pour l'envoyer à une amie).

2002
Invention du mot « selfie » dans un forum australien par un homme ivre.

2010
Apparition de la caméra frontale sur l'iPhone 4.

2012
Le magazine *Time* considère le mot « selfie » comme étant un des mots les plus populaires de l'année.

2013
« Selfie » est élu mot de l'année dans les dictionnaires Oxford.

2014
Le selfie, ou plutôt le « groupie » (selfie de groupe), superstar des Oscars.

2015
Entrée du mot « selfie » dans le dictionnaire Larousse.

2017
Le selfie de Selena Gomez avec son ex-petit ami est le selfie le plus liké du réseau Instagram avec plus de 8 millions de likes.

COMMENT RÉUSSIR SON SELFIE ?

En tant que mannequin, j'ai appris quelques petites astuces pour un selfie zéro défaut. Voici les 8 étapes :

1✧

L'importance de la lumière – tournez sur vous-même jusqu'à trouver la meilleure exposition.

Sachez aussi que le maquillage (ou un filtre), c'est top pour vous mettre en valeur !

2✧

Souriez – ou pas ! Soyez vous-même. Les duckfaces... personne ne les mérite. On veut des expressions naturelles !

3✧

Bombardez-vous de selfies – ce n'est qu'ainsi que vous trouverez la perle rare !

4✧

La meilleure pose ? Placez le téléphone un peu de côté – pas droit devant vous. Vous devez être de trois quarts par rapport au téléphone, avec votre menton légèrement vers le bas. Et surtout, votre téléphone doit être placé en surplomb de votre regard.

5✧

Dégagez votre port de tête en allongeant votre cou... et relax avec la bouche !

6✧

Pensez au cadre (et à ce qui se trouve derrière vous).

7✧

Si vous voulez un meilleur rendu pour vos selfies, vous pouvez utiliser les applications d'édition qui se trouvent dans votre smartphone (mais aussi Facetune pour corriger les imperfections, ou VSCO pour un plus large choix de filtres).

8✧

Attention à ne pas trop éditer. On veut du naturel. Le trop plastifié ne va à personne !

POUR OU CONTRE LE SELFIE STICK ?

Je suis pour le selfie stick, car il allonge le bras et permet aux gens de se prendre en photo sans qu'il y ait de déformation du visage... Mais je n'en ai pas – je trouve ça assez encombrant.

En revanche, j'adore le light ring ! Surtout les modèles qu'on peut clipser sur le smartphone. Super pratique pour les selfies.

Dans sa vie,
un Millennial prendra
en moyenne...

C'est le temps passé
par un Millennial **à prendre
des selfies dans l'année !**

MAIS POURQUOI ?

- **66 % pour publier sur un réseau social**
- **63 % au cours des vacances**
- **46 % pour l'envoyer à sa moitié**
- **46 % lors d'un anniversaire**

Le principal responsable de cette explosion de selfies ? La **réalité augmentée** bien sûr ! Grâce aux filtres de Snapchat, Instagram et Facebook, les gens sont encore plus tentés de s'amuser en se prenant en photo...

La

personnalité

commence là où finit

la comparaison.

(Karl Lagerfeld)

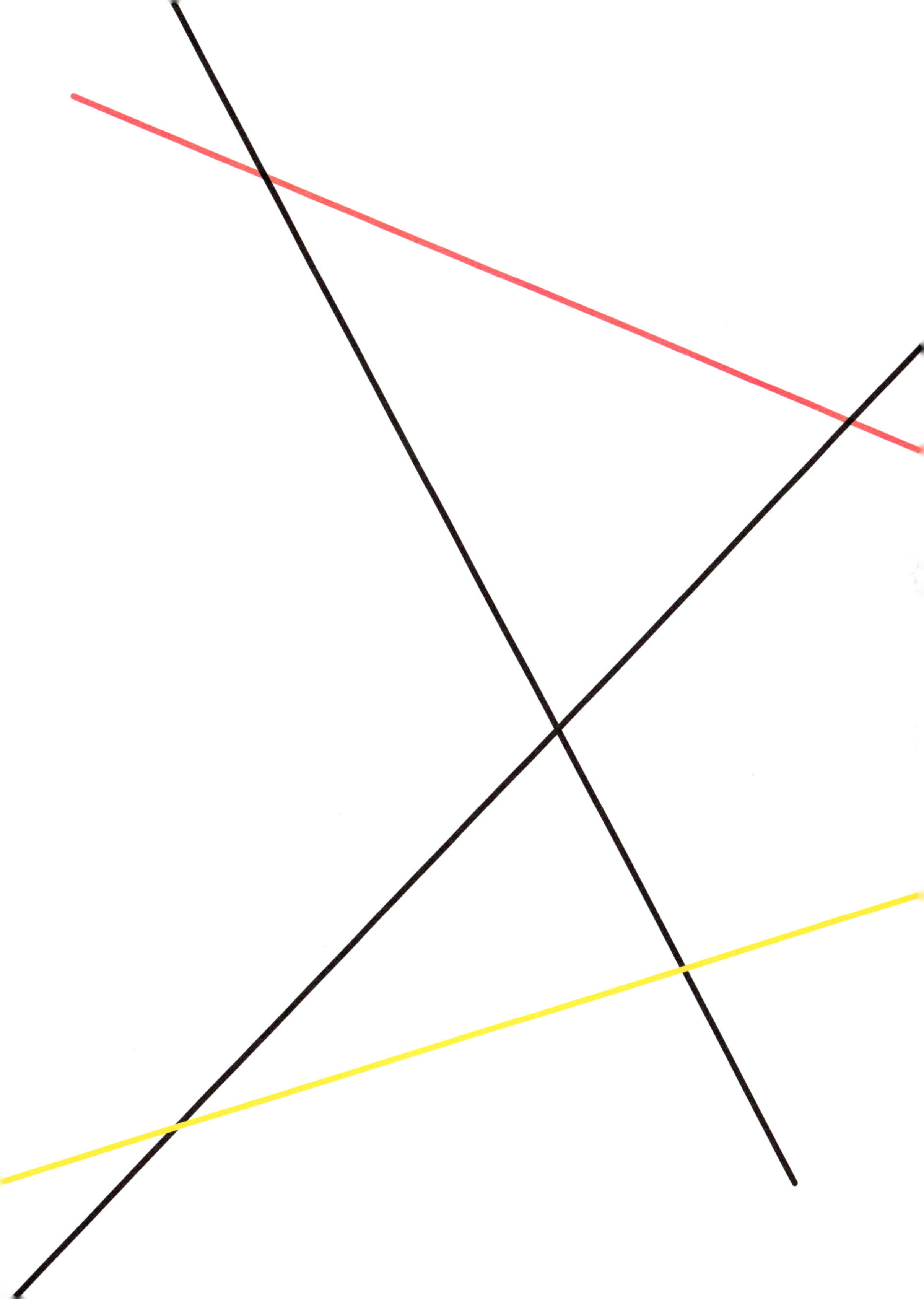

Cool
Positif
Sportif

BEN

32 ANS

JOURNALISTE/ANIMATEUR	SURFEUR	AVENTURIER	ALTRUISTE

IL VEUT

Que ses proches soient heureux ! Il est plus que satisfait s'il sent que les gens autour de lui se portent bien, qu'ils sont épanouis… C'est cela son carburant pour avancer dans la vie et accomplir de nouvelles choses.
Ben veut surtout être utile aux autres, toujours en véhiculant des valeurs positives qui permettent aux plus jeunes de naviguer dans la vie et de trouver leur bonheur. Voilà un très beau projet !

IL S'IMPLIQUE DANS

- La mode
- L'amitié
- L'amour
- La beauté
- L'art
- La technologie
- L'écologie
- Le sport

IL A BESOIN DE

- Sport
- Savoir qu'il est utile à quelqu'un
- Ses proches
- Sa chérie

IL ADORE

Découvrir des nouvelles contrées ! Ben a la bougeotte et n'hésite pas à prendre son sac à dos pour aller barouder aux quatre coins du globe.
Ces voyages lui permettent de relativiser énormément : il voit que le bonheur n'est pas lié aux possessions matérielles et que, souvent, ceux qui ont peu se plaignent moins que ceux qui ont trop… Ces découvertes l'enrichissent et lui permettent de garder les pieds sur terre. Rien n'est acquis ! Et c'est très bien comme ça…

POURQUOI LUI

Alors que nous nous connaissons depuis des années, et que nous avons travaillé ensemble dans une émission de télévision, il a tenu à envoyer sa candidature – comme tout le monde – pour participer au casting du livre. Il aurait pu me contacter directement, mais non… C'est un petit détail qui en dit long sur lui, et que je trouve admirable. Ce passionné de sport, qui a participé au fameux triathlon Ironman, veut constamment se dépasser, aller plus loin et surtout ne pas emprunter de raccourcis. C'est cette persévérance, alliée à sa bonne humeur, qui font de Ben cette personne lumineuse. Il était impensable qu'il ne soit pas dans cet ouvrage !

PAR AMOUR DE l'art...

UN LOOK À LA JEAN-MICHEL BASQUIAT

Pour aller à un vernissage, j'ai proposé à Ben un look chic décontracté, inspiré du grand Jean-Michel Basquiat. Ce peintre américain est non seulement un des plus connus du XXe siècle, mais c'est aussi une source d'inspiration inépuisable pour la mode. La preuve ? Des collections de Virgil Abloh, en passant par des séries limitées de T-shirts Uniqlo, jusqu'à la coupe du chanteur The Weeknd... ce génie contemporain est partout !

En regardant des clichés de Jean-Michel Basquiat datant des années 1980, j'ai remarqué qu'il portait beaucoup de costumes. Tous d'ailleurs dans une **coupe oversize,** très eighties.
J'ai donc habillé Ben avec ce costume rayé, très graphique, légèrement loose. J'ai choisi une **chemise blanche dans une belle popeline**. Inutile d'ajouter une cravate ! On déboutonne simplement le haut du col pour rester cool.

Sur ce costume classique, j'ai ajouté un manteau à carreaux dans des coloris marron et beiges. Le contraste entre **la rayure du costume et les carreaux du manteau** est sublime. Ce manteau accentue parfaitement la large carrure de Ben. C'est très masculin, j'adore !

En revanche, je n'ai pas pu suivre Jean-Michel Basquiat en ce qui concerne les chaussures... Tout simplement parce qu'il posait généralement en costume, mais pieds nus ! C'est très arty, super sur des photos, mais beaucoup moins pratique dans la vie de tous les jours !
Pour notre cher Ben, j'ai pris le parti de décaler cet ensemble classique avec des **baskets rétro.** Cette note street wear est moderne, jeune, branchée... Bref, tout ce qu'on aime !

TOUS CHEZ LE BARBIER !

Ok, c'est officiel : nous vivons à l'ère de la barbe ! Il suffit de se promener dans la rue pour constater qu'une bonne partie des garçons arbore une barbe ou une moustache... Surtout les Millennials !

IL Y A BARBE ET BARBE !

Si vous pensez que pour avoir une belle barbe, il suffit juste de la laisser pousser... Vous êtes « à côté de la plaque ». Il faut s'en occuper !

À ce propos, j'ai pu parler à Jérémy Fromentin, fondateur de Kare Hair Stylist, qui m'a révélé les bons gestes et les bons produits pour avoir une barbe bien entretenue, taillée, parfumée...

Bref, magnifaïk ! Vous trouverez ses conseils indispensables dans les pages qui suivent.

MATÉRIEL ET PRODUITS ESSENTIELS

- **Un savon et un shampoing à barbe**
- **Une petite tondeuse avec différents sabots**
- **Des petits ciseaux à barbe**
- **Un gel de rasage**
- **Un rasoir**
- **Une lotion apaisante**
- **Une huile à barbe**
- **Une brosse à barbe**
- **De la cire pour la barbe**

Il faut toujours penser à adapter la coupe de la barbe à la forme de votre visage, ainsi qu'à la densité du poil.

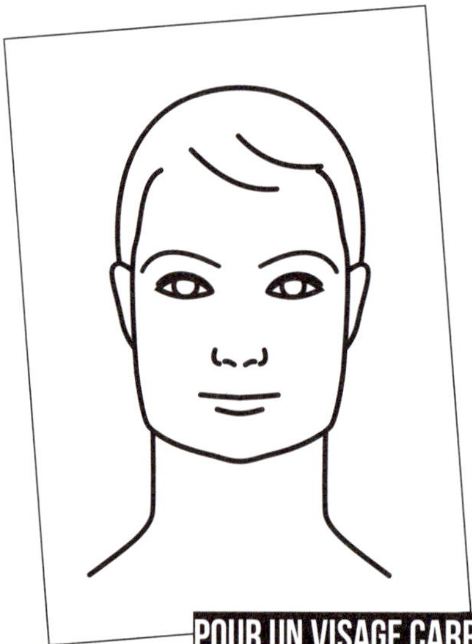

POUR UN VISAGE CARRÉ

Une moustache discrète, une barbe ou une barbe de trois jours sont préférables.

Évitez en revanche les barbes trop fournies sur les côtés, qui élargiront votre visage.

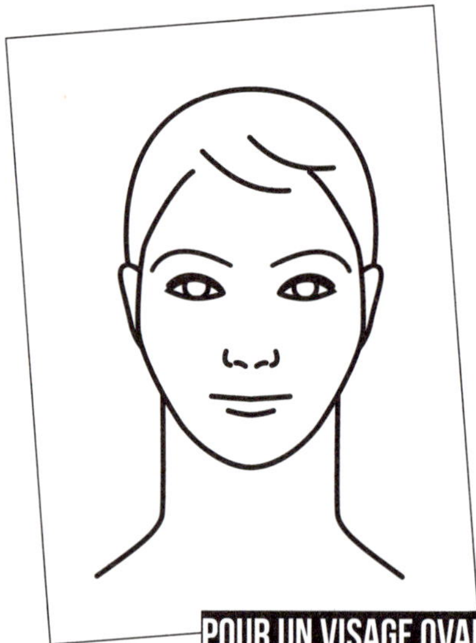

POUR UN VISAGE OVALE

La barbe se porte courte ou longue, créant une densité sur la partie basse.

Évitez la barbe trop fournie. Optez soit pour une moustache bien taillée, soit pour une barbe permettant d'habiller le bas du visage.

POUR UN VISAGE ROND

Allongez le visage par le bas et évitez d'accentuer les joues et le menton.

Évitez le volume et préférez un poil court.

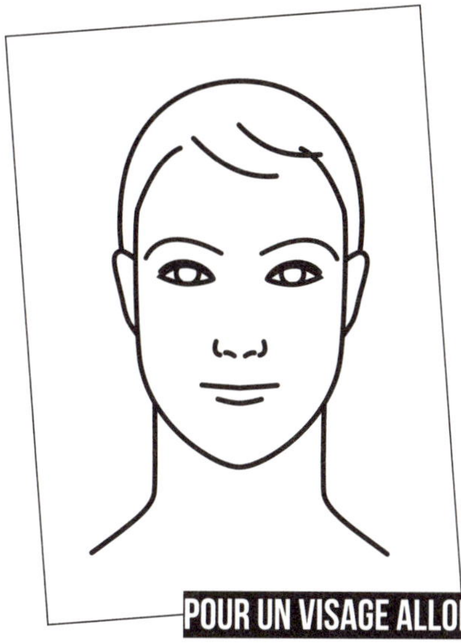

POUR UN VISAGE ALLONGÉ

Évitez la barbe longue, car cela accentue la longueur du visage.

Favorisez plutôt la barbe de trois jours, la barbe fournie ou la moustache.

MES PETITES ASTUCES

- **Ayez toujours un correcteur de la couleur de votre carnation pour camoufler d'éventuels boutons disgracieux. C'est un produit miracle pour corriger les petits défauts !**
- **Si votre barbe présente des zones moins fournies, utilisez un crayon de la couleur de votre poil pour hachurer légèrement les trous. Puis estompez en tapotant pour un résultat naturel.**

LE POINT DE VUE D'ENZO : « JAMAIS SANS MA BARBE ! »

« Je n'arrive pas à l'expliquer, mais j'ai toujours voulu une barbe, depuis tout petit et alors que mon père n'est pas barbu... **J'ai toujours trouvé que c'est très classe, un homme avec une belle barbe.** Et alors que j'attendais impatiemment la mienne, c'est ironique qu'elle soit arrivée sur le tard. Je l'ai tellement espérée que je ne me suis jamais rasé à blanc... Mais il faut savoir que je m'en occupe ! J'ai tout le matériel et les produits pour qu'elle soit douce et bien dessinée. Et dès qu'il y a un événement important, je n'hésite pas à aller chez le barbier. **Ma barbe et moi, c'est à vie ! »**

DIAGO-NALE MAGIQUE

Si vous voulez tracer la démarcation parfaite de votre barbe au niveau des joues, il vous suffit de placer une règle qui joigne le haut de l'oreille au bas de la commissure des lèvres. Vous obtiendrez ainsi la ligne la mieux adaptée à votre forme de visage.

ET si ON CHINAIT ?

Dans notre monde où tout va toujours très vite, chacun de nous est en quête d'un moment pour souffler, prendre le temps, savourer les instants en se laissant simplement guider par la curiosité. Bref, nous ressentons la nécessité de faire un break.
Ben fait partie de ceux qui n'arrêtent pas de courir – littéralement et au sens figuré ! –, c'est pourquoi je lui ai proposé ce look urbain et confortable, en imaginant pour lui un délicieux week-end de flânerie de brocantes en vide-greniers.

Impossible de faire l'impasse sur le **pull à col roulé** en cachemire ! C'est un **incontournable de la garde-robe masculine**. Et j'aime beaucoup ce modèle qui est à la fois épais et doux au toucher. Sans oublier que la couleur beige clair met merveilleusement en valeur le teint doré de Ben.

Par-dessus, je lui ai proposé une **parka – autre pièce phare** de toute garde-robe masculine qui se respecte ! Je vous recommande d'en acheter une de bonne facture, sans trop de chichis. C'est à la fois moderne et pratique. Sachez que cette pièce apporte toujours une touche très street wear, décontractée, avec un petit côté militaire, à vos looks. Et puis je trouve très chic l'association de la couleur kaki du manteau et de la teinte sable du pull à col roulé.

LE WEEK-END, ON S'ACCORDE UN MOMENT POUR SOUFFLER...

Le pantalon noir vient compléter la silhouette sans la surcharger. Quant à la touche de fantaisie, elle se niche dans les baskets. Car, eh oui, comme tous les Millennials, Ben est totalement addict aux baskets, et ce modèle dans un **imprimé camouflage** est canon ! Il reprend la plupart des coloris de la tenue et réveille un look élégant aux couleurs neutres.

Et remarquez **le petit bracelet gri-gri**... Ce genre de bijou pour homme, je valide à fond !

Cette tenue urbaine et tendance est parfaite pour flâner en ville le temps d'un week-end.

LA DÉCO BY CAROUCHE

LE PAPIER PEINT, UN ATOUT DÉCO

Un intérieur peut être meublé avec des pièces fortes, stylées et design, mais elles ne seront pas mises correctement en valeur si l'on délaisse la décoration murale pour laisser place à une ambiance neutre et sans prise de risque. **Il faut savoir que le contenant est aussi important que le contenu !**

Longtemps considéré comme ringard, le papier peint revient en force dans les intérieurs. Véritable atout pour valoriser le mobilier, il permet de personnaliser une pièce et de lui donner du caractère, une identité à part entière. Selon l'ambiance souhaitée, la taille de la pièce et sa luminosité, le rendu ne sera pas le même. Différentes tendances sortent leur épingle du jeu.

Pour donner un **style vintage 1950,** on posera par exemple, sur un seul pan de mur dans une entrée (même sombre), un papier peint à motifs géométriques qui s'harmonisera avec du mobilier en bois clair, comme par exemple une enfilade scandinave. Privilégiez un motif fort, mais avec un fond aux couleurs douces pour ne pas charger l'ambiance.

Les **motifs floraux et exotiques inspirés des années 1970** font leur grand retour. Ils se plairont dans une salle à manger, sur un grand pan de mur lumineux qui laissera respirer les motifs. Veillez à être cohérent dans le choix du mobilier, car ce style de papier peint ne se marie pas avec tout et demande une déco légère et naturelle.

Pour un style plus classique, mais fort et pointu, le papier peint d'**inspiration Art déco** trouvera sa place dans une salle de bains (attention : bien ventilée), au-dessus d'un carrelage métro par exemple. Mixer différents styles de décoration peut être délicat, alors optez plutôt pour un total look, en associant une robinetterie, des luminaires et des miroirs de la même tendance.

* Les modèles de papiers peints présentés ci-contre sont de la marque PaperMint.

On aide la planète !

Ce n'est pas un scoop : **il est très important de changer nos habitudes pour préserver notre planète.** Le moment, c'est maintenant !

Nous le constatons tous : la pollution – notamment le plastique – envahit la terre et les mers.

IL EST IMPOSSIBLE DE RESTER LES BRAS CROISÉS

Je sais qu'on peut vite se décourager en regardant les chiffres : **chaque seconde, 100 tonnes de déchets finissent en mer** (dont une grande partie constituée de plastique).

Tous les ans, nous voyons donc 4 milliards de tonnes de déchets rejetés en mer. Sans parler du pétrole, des produits chimiques...
Bref, le constat semble désespérant !

Mais il faut bien commencer quelque part. **Et je pense qu'agir à son échelle est la meilleure chose à faire !**
Même si notre geste semble infime, il reste nécessaire. Car imaginez la somme de tous ces petits gestes... et vous commencerez à constater des changements de fond dans la société.

COMMENT ÊTRE PLUS « DÉVELOPPEMENT DURABLE » ?

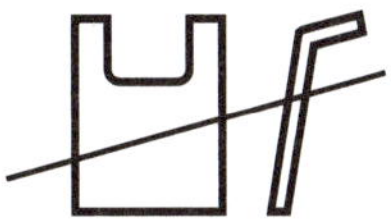

- 1 -

Non
au plastique

- 2 -

Apporter sa Thermos
pour le café

- 3 -

Apporter sa gourde
pour l'eau

- 4 -

Manger local
et de saison

- 5 -

Prendre des **douches plus courtes**

- 6 -

Marcher dès
que c'est possible

- 7 -

Ne pas gaspiller
le papier

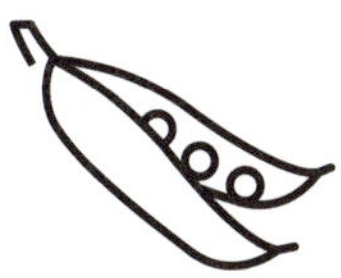

- 8 -

Manger green
et bio de préférence

- 9 -

Trier
ses déchets

POUR UNE MODE PLUS ÉCOLOGIQUE

On le sait très bien : l'industrie du textile est encore très polluante. Mais ce n'est pas une fatalité si on décide de changer nos habitudes par rapport à la mode.

On commence d'ailleurs à voir dans les grandes enseignes des collections capsule plus écologiques, avec des matériaux recyclés ou peu polluants.

On peut aussi se familiariser avec des marques et des boutiques qui nous permettent d'être stylés tout en préservant la planète. Plutôt que de se ruer systématiquement sur des vêtements neufs, **on peut privilégier des vêtements upcyclés**, mais aussi des vêtements de seconde main, voire la location de vêtements...

Et pourquoi est-ce que cela préserve la planète ? Tout simplement parce qu'**on évite ainsi le gaspillage**. Voici comment...

L'UPCYCLING

C'est l'action de récupérer des matériaux ou des produits voués à la poubelle, mais qu'on transforme en produits de qualité supérieure.

On les recycle donc par le haut. Le magasin Kiliwatch à Paris a justement une capsule de vêtements upcyclés magnifaïks ! Nous en avons utilisé pour le shooting de ce livre.

LES BOUTIQUES DE SECONDE MAIN

De vraies cavernes d'Ali Baba ! Je suis à fond pour aller dénicher des vêtements de qualité du passé.

Non seulement on peut trouver des perles rares, mais on donne aussi une seconde vie à des vêtements...
Pas de gaspillage, donc !

LA LOCATION DE VÊTEMENTS

Voilà une nouvelle tendance qui, à mon avis, ne fera que grandir. Il existe de plus en plus de boutiques online qui proposent ce système.

Elles vous donnent la possibilité d'être à la pointe de la tendance sans dépenser trop d'argent tout en préservant la planète. Car en louant, vous économisez toutes les ressources nécessaires à la production d'un vêtement neuf. J'adore !

MON GÂTEAU AU CHOCOLAT MAGNIFAÏK

J'ai réalisé cette douceur des dizaines de fois pour mon fils, ma famille et mes amis. Et systématiquement, c'est la même émotion... Ce gâteau est tout simplement magnifaïk !

POUR 8 PERSONNES
PRÉPARATION : 30-35 MIN
CUISSON : 35 MIN

Ingrédients

- 250 g de chocolat riche en cacao
- 5 œufs
- 75 g de farine
- 100 g d'amandes râpées ou en poudre
- 250 g de sucre en poudre
- 125 g de beurre + pour le moule
- Une pincée de sel

Pour le glaçage (facultatif)

- 125 g de chocolat
- 30 g de beurre
- 2 c. à soupe de sucre glace

1. Beurrez largement un moule à manqué de 26 cm de diamètre. Cassez le chocolat en petits morceaux et placez-le dans une terrine avec deux cuillerées à soupe d'eau. Faites-le fondre au bain-marie : placez la terrine dans une casserole d'eau chaude et laissez fondre doucement sans y toucher, jusqu'à ce que le chocolat soit complètement mou. Retirez la terrine du bain-marie. Ajoutez le beurre coupé en morceaux. Mélangez bien.

2. Préchauffez le four à 180 °C. Séparez les blancs d'œufs des jaunes. Battez les jaunes et incorporez-les à la pâte au chocolat, puis ajoutez les amandes, le sucre et la farine. Battez les blancs en neige ferme avec la pincée de sel. Incorporez-les délicatement à la pâte au chocolat en veillant à ne pas les casser.

3. Versez la pâte dans le moule : il doit être rempli aux deux tiers. Enfournez pour 30 minutes. Vérifiez la cuisson avant de retirer du four en plantant la pointe d'un couteau. La lame doit ressortir « mouillée ». Démoulez et laissez refroidir sur une grille à pâtisserie.

Le glaçage

Cassez le chocolat en petit morceaux dans une terrine. Faites-le fondre au bain-marie. Retirez-le du feu lorsqu'il est mou. Ajoutez le beurre, mélangez bien et incorporez peu à peu le sucre glace. Versez ce glaçage sur le gâteau. Laissez sécher.

LE MAKING OF

cécile
émilie
monica
paula
marie
aurélie
vicente

yali

fabrice
carouche

marieke

ben

victoria
dominique

ANDRIEU
OUVERT
LE
DIMANCHE
DE
11H À 17H

juliette

emmanuelle

enzo
jérémy

chloé
hugo
giulia

heberson

iris

ONNETIER

Canon

KHEIRA

C'est

formidable

d'être ce que vous êtes.

(Jean Paul Gaultier)

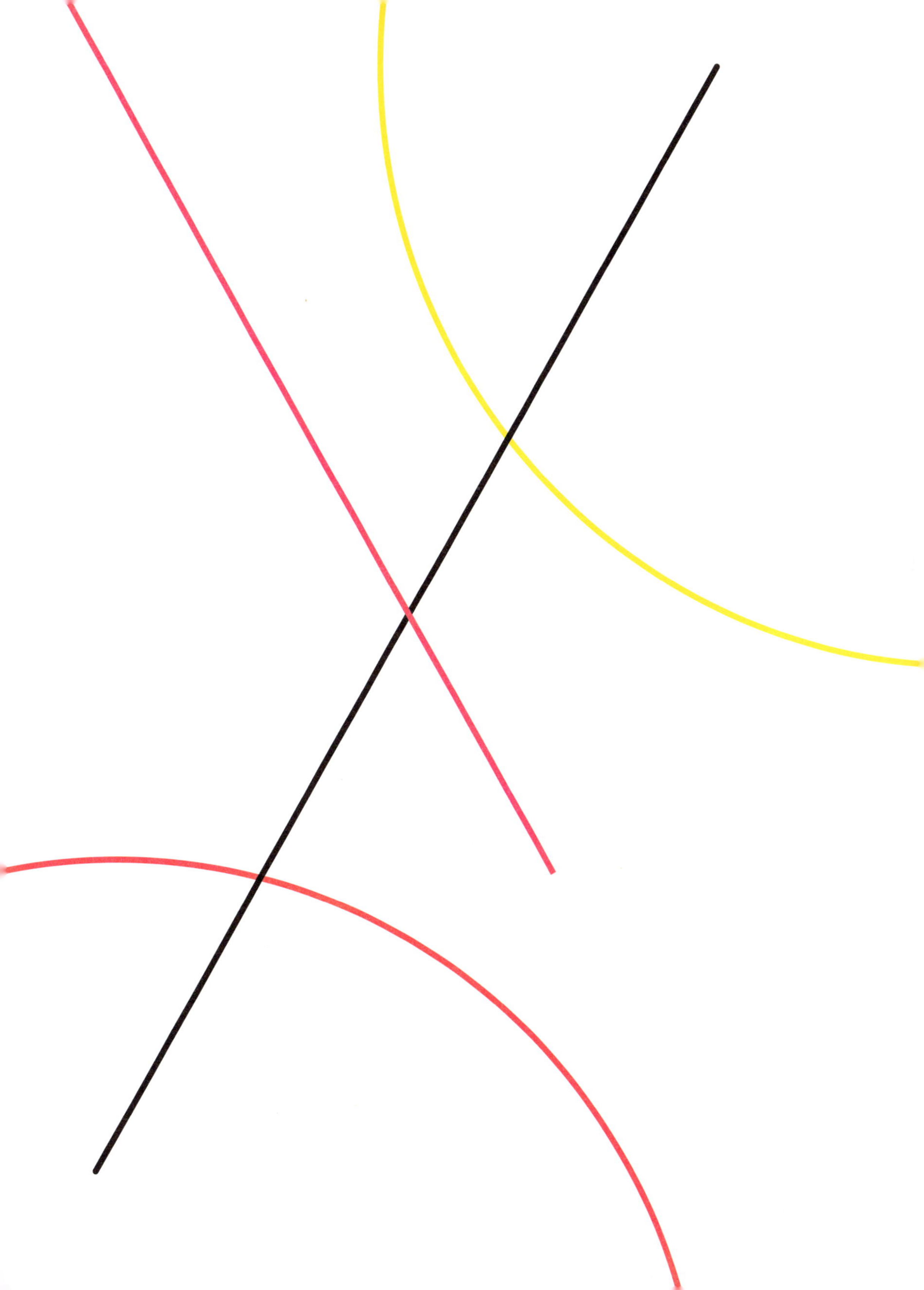

LISTE DES CRÉATEURS ET DES MARQUES

Les pages suivantes recensent les créateurs et les marques de vêtements, bijoux, chaussures et accessoires portés par les **modèles Millennials** dans ce livre.

YALI

SON LOOK D'ÉTUDIANTE

p. 22

Bomber : Schott
Sweat à capuche : Fila
Jupe : & Other Stories
Baskets : Canal Saint Martin
Sac à dos : Zara

SON LOOK DE SOIRÉE

p. 40

Veste portée en robe : Kiliwatch Collect.Or
Ceinture : Mango
Bottines : Minelli
Bracelets : Jean Paul Gaultier
Boucles d'oreilles : Zara
Sac : Zara

HUGO

SON LOOK D'ÉTUDIANT

p. 53

Doudoune : Schott
Banane : Fila
Pull : Essentiel
Jean : Uniqlo
Baskets : Off-White x Converse
Lunettes : Yves Saint Laurent

SON LOOK DE SOIRÉE

p. 69

Perfecto : Archives
Chemise : The Kooples
Pantalon : Zara
Baskets : Adidas « Yeezy 350 Bred »
Ceinture : Uniqlo
Lunettes : Yves Saint Laurent

EMMANUELLE

SON LOOK PRO

p. 84

Chemise : Zara
Jupe : Mango
Bottines : Zara
Sac : & Other Stories
Bracelets : & Other Stories
Bague : Nad de Paris

SON LOOK WEEK-END

p. 107

Veste : Zara
Pull : Kiliwatch Collect.Or
Pantalon : Zara
Ceinture : Zara
Sac : Zara
Chapeau : Zara
Bottines : & Other Stories
Boucles d'oreilles : Nach
Bague : Nad de Paris

ENZO

SON LOOK PRO

p. 126

Manteau : The Kooples
Chemise : The Kooples
Pantalon : Dior
Baskets : Faguo

SON LOOK CASUAL

p. 143

Veste : AMI
Chemise : Faguo
Jean : Zara
Baskets : Nike
(boutique Sketba)
Lunettes : Dior

MONICA

SON LOOK PRO

p. 150

Trench : Ash
Pantalon : Adidas Original
Débardeur : Asos
Collier : Dressing de Zankara
Boots : Caterpillar

SON LOOK GLAM

p. 172

Robe : House of CB London
Escarpins : Aldo
Bagues : Nad de Paris, & Other Stories

BEN

SON LOOK VERNISSAGE

p. 184

Costume, manteau et ceinture : Zara
Chemise : The Kooples
Baskets : Nike

SON LOOK DÉCONTRACTÉ

p. 193

Parka : Uniqlo
Pantalon et pull : Zara
Casquette : Schott
Baskets : Nike (boutique Sketba)

Les pages suivantes recensent les créateurs et les marques de vêtements, bijoux, chaussures et accessoires portés par **Cristina et Enzo** dans ce livre.

ENZO

p. 8 et 14

Parka : pièce Upcycling de Kiliwatch Collect.Or
Pull : Isabel Marant
Jogging : Nike
Baskets : Nike Air Max
Casquette : Dad Brand Apparel

CRISTINA

p. 8 et 14

Veste : Claudie Pierlot
Sous-pull : Liu Jo
Jean : Zara
Bottines : Dior
Sac : Saint Laurent
Créoles : Antonio Bernardo

CRISTINA

p. 13

Manteau : Vanessa Bruno
Sac : Borbonese
Sous-pull : & Other Stories
Jean : M&Co
Bottines : PrettyLittleThing

ENZO

p. 25

Veste : Commune de Paris
Chemise : AMI
Pantalon velours : Faguo
Baskets : Nike Air Force 1

CRISTINA

p. 31, 33, 87, 117 et 161

Pantalon : Lululemon
T-shirt : Lululemon
Bracelet : Lululemon

CRISTINA

p. 59

Robe : The Paradise
Boucles d'oreilles : Antonio Bernardo

CRISTINA

p. 73

Pantalon : Lululemon
Débardeur : Lululemon
Baskets : NMD Adidas

CRISTINA

p. 109

Maillot de bain : Leslie Amon
Chemise : Andrea Marques
Chapeau : Borsalino
Bague : The Paradise
Lunettes : Céline

p. 111

Manteau : Louis Vuitton
Sweat-shirt : Ba&sh
Jogging : Vanessa Bruno
Chaussures : Gucci
Sac : Ferragamo
Casquette : New Era
Lunettes : Céline
(Marc Le Bihan)

CRISTINA

p. 139 et 167

Pull : & Other Stories
Boucles d'oreilles : Antonio Bernardo

CRISTINA

p. 175

Jupe : Vanessa Bruno
T-shirt : & Other Stories
Veste : Levi's
Baskets : Gucci
Ceinture : American Vintage

CRISTINA

p. 202

Jupe léopard : Essentiel Antwerp
T-shirt : Suncoo
Claquettes : Chloé
Chapeau : Lenny
Bracelet en résine : Dominique Denaive

CRISTINA

p. 206

Chemise : Paul & Joe
Veste : Emanuel Ungaro
Jean : 7 For All Mankind
Escarpins : Emanuel Ungaro
Sac : Chloé

REMERCIEMENTS

DE CRISTINA

Il aurait été impossible de faire ce livre sans une équipe soudée et motivée ! Je tiens ainsi à remercier toutes les personnes qui m'ont aidée à réaliser cet ouvrage...

Tous les Millennials qui ont participé à ce projet : Yali, Hugo, Emmanuelle, Enzo, Monica et Ben. Ce livre est aussi le leur !

Mon consultant Millennial, Enzo.

Mes stylistes toujours au taquet : Dominique Serret et Émilie Saunier, ainsi que leurs assistantes, Victoria et Chloé.

MAC – mon partenaire depuis toujours – qui soutient tous mes projets, et plus particulièrement ... la maquilleuse Marieke Thibaut, qui a su dans ce livre me mettre en valeur.

B-Agency pour son équipe de choc ! Giulia Cohen et Monica Bibalou débordent d'inventivité et de talent !

La journaliste Paula Braconnot, qui m'accompagne depuis des années et qui sait retranscrire fidèlement mes idées et mes conseils.

Le photographe Vicente de Paulo, qui fait non seulement des photos sublimes, mais qui s'est aussi investi dès le début du projet. Sa vision était indispensable ! Je remercie aussi Iris Guillaume della Roca, son assistante, pour toutes les photos du making of.

Carouche, pour son œil ! Elle a un goût exquis et je suis ravie qu'elle ait accepté de partager ici ses astuces déco.

Mon cher professeur de yoga, Heberson, qui possède une vraie sagesse et qui a généreusement proposé des exercices ici.

Le barbier Jérémy Fromentin qui nous a chaleureusement accueillis dans son salon Kare.

Mon ami Franck Bonarel, qui nous a reçus à cœur ouvert dans ses magnifiques adresses parisiennes (Blanche et Klay).

Fabrice Besse, qui a photographié avec talent les recettes et les DIY.

La styliste culinaire Juliette Lalbaltry, qui a su retranscrire fidèlement mes recettes fétiches !

Aurore Elle et Camille de Montmorillon pour avoir su donner son look graphique à ce beau projet.

Bien évidemment, mes éditrices magnifaïks, Marie Gazagne, Cécile Beaucourt et Aurélie Starckmann, qui ont su piloter ce projet avec beaucoup de rigueur, d'écoute et de bonne humeur.

Isabelle Jeuge-Maynart et Ghislaine Stora pour leur vision et leur enthousiasme. Je collabore avec Larousse depuis plus de 10 ans, et c'est toujours un plaisir de les savoir à mes côtés.

Et enfin Fred, mon mari, pour son soutien indéfectible !

DE L'ÉDITEUR

Ce livre doit beaucoup aux magnifiques lieux qui nous ont ouvert leur porte pour les prises de vue !

Nous remercions donc :

- Carouche, dont l'atelier a accueilli les photographies de DIY. Retrouvez ses réalisations dans sa boutique (45, chemin des Pelouses d'Avron 93360 Neuilly-Plaisance) ou sur son site **www.carouche.fr** ;
- L'espace barbier et le restaurant Klay (4 bis, rue Saint-Sauveur, Paris IIe) : p. 13, 187, 190-191 ;
- Le Café Caché du CENTQUATRE-PARIS (104, rue d'Aubervilliers, Paris XIXe) : p. 25, 26 ;
- Le club de sport et le restaurant Blanche (21, rue Blanche, Paris IXe) : p. 31, 33, 73, 87, 117, 161, 206-207 ;
- L'Hôtel National des Arts et Métiers et le Ristorante National (243, rue Saint-Martin, Paris IIIe) : p. 38-39, 40, 66, 69, 111, 140, 143 ;
- Le Consulat (lieu éphémère alors situé 2, rue Vercingétorix, Paris XIVe) : p. 148-149, 150, 193, 194 ;
- L'hôtel flottant OFF Paris Seine (86, quai d'Austerlitz, Paris XIIIe) : p. 170-171, 172 ;
- La galerie Downtown (18, rue de Seine, Paris VIe) : p. 182-183, 184.

Nous remercions également PaperMint (www.paper-mint.fr) pour leur aimable autorisation à publier les photos de décoration murale page 197.

Sources des données chiffrées dans l'ouvrage :

Pages 27-29 : KDM Engineering (https ://www.inc.com/john-brandon/science-says-this-is-the-reason-millennials-check-their-phones-150-times-per-day.html)

Page 75 : Gymlib (https ://medium.com/@gymlib/le-sport-critère-de-lentreprise-idéale-pour-les-millennials-f07b069668f5)

Page 99 : Beauté Test (https ://www.beaute-test.com/mag/article-millenials-cheveux-envie-soins-customises.php)

Page 113 : LSB+ (https ://www.lsb.com/blog/4-insights-on-millennial-travel-behavior/)

Page 129 : Millennial Marketing (http ://www.millennialmarketing.com/2010/03/tatoos-a-defining-mark-for-millennials/)

Pages 136-137 : Cision PR Newswire / Park West Gallery et Kulture Hub (https ://www.prnewswire.com/news-releases/are-millennials-interested-in-art-yes-new-park-west-gallery-study-finds-300718490.html et https ://kulturehub.com/millennial-art-collectors/)

Page 177 : Entrepreneur Europe (https ://www.entrepreneur.com/article/318586)

Crédits photographiques :

Toutes les photos sont de Vicente de Paulo, sauf :

© Fabrice Besse pour les recettes et les DIY : p. 34, 36, 62, 76, 96, 120, 164, 204.

© Shutterstock/Julija Ogrodowski (p. 64 gauche) ; /How Steve Sees the World (p. 64 droite) ; /Photographee.eu (p. 114 gauche et centre) ; /united photo studio (p. 114 droite) ; /Champiofoto (p.115) ; /Rawpixel.com (p. 128, p. 131 centre gauche) ; / maxtimofeev (p. 130) ; /BAIMIRO (p. 131 bas gauche) ; /Piotr Sikora (p. 132).

© Photononstop/Aziz Ary Neto/Image Source (p. 129) ; /Gabriela Medina/Blend Images (p. 131 haut droite) ; /Johnér (p. 131 centre droite) ; /JAG IMAGES/Cultura (p. 131 bas droite).

© Adobe Stock/awpixel.com (p. 131 haut gauche).

© PaperMint (p. 197).

Crédits des illustrations :

© Shutterstock/kuroksta (tête/cœur p. 6, sac et logo recyclage p. 201) ; /Mariabo2015 (bouche p. 6) ; /justone (yogi p. 7 et 61, brocolis, pomme de terre et tomate p. 60, fruits p. 61, petits pois p. 201) ; /Skellen (cloche repas p. 7, viande et poisson p. 60, bol et gâteau p. 61, bol et verre p. 113) ; /DStarky (globe p. 7 et 61) /rvlsoft (logos Instagram, Whatsapp, Waze, Youtube, Netflix p. 24) ; /Tin_tin (logo Airbnb p. 24) ; /Stanislaw Mikulski (logos Shazam, Spotify, Google p. 25) ; /Maksim M (pouce levé p. 27, 137) ; /VikiVector (smartphones p. 27, 29, 61, 113, 137, 176, 177) ; /Noch (boîte carton p. 61, sacs p. 113) ; Sakinakhanim (rideaux p. 65) ; /Visual Generation (mugs p. 65) ; / yut548 (silhouette miroir p. 74) ; /Alenka Karabanova (3 bustes p. 99) ; /komaart (visage p. 102) ; /Marina Shevchenko (miroir p 102, visage p. 169) ; /Mariabo2015 (yeux et pince à épiler p. 103, pot de crème p. 169) ; /WonderfulPixel (transat p. 113) ; /Nattle (ampoule p. 115) ; / Cherstva (silhouette p. 132) ; /Kate Kalita (motifs dans la silhouette p. 132) ; /M.Stasy (tableau et amphore p. 137, tableau, poteaux, micro et masque p. 138) ; /Imagination lol (pulvérisateur p. 137, tube crème p. 169) ; /Farah Sadikhova (douche p. 169, 201) ; /alphabe (visage p. 188, 189) ; /Keep Calm and Vector (thermos et tasse p. 201) ; /Yurchenko Yulia (gourde p. 201) ; /VoodooDot (marchand p. 201) ; /KPVR (silhouette de profil p. 201).

Pour les éditions Larousse, le principe est d'utiliser des papiers composés de fibres naturelles, renouvelables, recyclables et fabriquées à partir de bois issus de forêts qui adoptent un système d'aménagement durable. En outre, les éditions Larousse attendent de leurs fournisseurs de papier qu'ils s'inscrivent dans une démarche de certification environnementale reconnue.

PAPIER À BASE DE FIBRES CERTIFIÉES

LAROUSSE s'engage pour l'environnement en réduisant l'empreinte carbone de ses livres. Celle de cet exemplaire est de : 1,8 kg éq. CO_2 Rendez-vous sur www.larousse-durable.fr

Photogravure : Chromostyle
Imprimé en France par Pollina – 90478
Dépôt légal : octobre 2019
322744/01- 11039709 - septembre 2019